Début d'une série de documents
en couleur

LA TRÉSORERIE

DES CHARTES D'ARTOIS

AVANT LA CONQUÊTE FRANÇAISE

DE 1640

PAR

A. GUESNON

PARIS

IMPRIMERIE NATIONALE

—

M DCCC XCVI

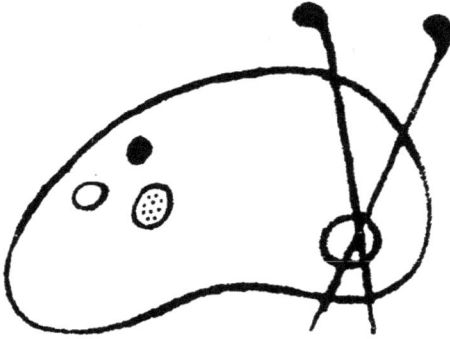

Fin d'une série de documents
en couleur

LA TRÉSORERIE

DES CHARTES D'ARTOIS

AVANT LA CONQUÊTE FRANÇAISE

DE 1640

Extrait du *Bulletin historique et philologique*, 1895.

LA TRÉSORERIE

DES CHARTES D'ARTOIS

AVANT LA CONQUÊTE FRANÇAISE

DE 1640

PAR

A. GUESNON

PARIS

IMPRIMERIE NATIONALE

M DCCC XCVI

LA TRÉSORERIE

DES CHARTES D'ARTOIS

AVANT LA CONQUÊTE FRANÇAISE DE 1640.

En tête de son *Inventaire analytique des chartes d'Artois*, Denis-Joseph Godefroy avait inséré un aperçu historique du dépôt, avec la succession d'un certain nombre d'anciens trésoriers [1].

Le Dʳ Le Glay, archiviste du Nord, s'inspirant plus tard de cette préface inédite, en composa un mémoire intéressant, où l'on retrouve, sous une autre forme, toute la substance du travail précédent : il est vrai de dire qu'une note ajoutait à la liste deux unités nouvelles [2].

L'impression du texte même de Godefroy devait suivre de près cette communication à la Société des antiquaires de la Morinie ; il parut dans les *Archives historiques du Nord de la France*, par les soins et avec commentaires de A.-F. Dufaitelle [3].

M. J.-M. Richard a repris à son tour la question dans l'excellent *Inventaire sommaire* qui a signalé son passage trop rapide aux Archives du Pas-de-Calais. On y remarque quatre additions importantes [4], sans parler de celles qui rattachent les derniers trésoriers aux archivistes modernes [5].

[1] Jean Caulier, 1526 ; Guillaume le Blanc ; Denis de Bersacques, 1545 ; Christophe d'Assonleville ; Adrien Delattre, 1617.

[2] «Le plus ancien garde des chartes d'Artois que j'aie pu découvrir est *Jean Despoullettes*, dont la charge fut donnée de son vivant à *Philippe Despoullettes*, son fils, par lettres de Philippe, duc de Bourgogne à Bruges, le 4 décembre 1428...» — Le Glay, *Mémoire sur les actes relatifs à l'Artois*, dans les *Mém. des Antiq. de la Morinie*, t. IV (1837 et 1838), p. 21, en note. Publié en 1839.

[3] *Arch. hist. et litt. du Nord de la France*, nouv. série, t. I, chez Peigné à Valenciennes. Tiré à part, août 1837.

[4] Les quatre noms ajoutés par M. Richard aux sept précédents sont : Clarembault Couronnel, Jean de la Vacquerie, 1477 (d'après Godin, *Inv. somm.*, série B, art. 787), *Pierre* (?) de Bruxelles et Pierre Couronnel. — *Inv. somm.*, série A, t. I, Introd., p. ɪɪ, ɪɪɪ.

[5] Voir, pour ces dernières, Godin, *Inv. somm.*, art. 292, 301, 348, 496.

Après ces travaux d'une haute compétence professionnelle, il semblerait que la matière dût être épuisée, et pourtant le champ d'investigation n'a pas été tellement fouillé qu'on ne puisse y faire encore une ample récolte.

La liste, en effet, présente, à partir de 1428, sa date initiale, certaines lacunes qu'il n'est pas impossible de combler ; quant à la période antérieure, toujours inexplorée, nos recherches nous ont permis d'y retrouver, en remontant le cours du siècle précédent, les premiers anneaux de la chaîne rompue.

De sorte que, si l'on ajoute ces éléments nouveaux à ceux que nos devanciers nous ont épargné la peine de découvrir, on arrive à doubler le chiffre du personnel aujourd'hui connu de la trésorerie des chartes d'Artois avant la conquête française [1].

Quelques mots d'abord sur les origines du dépôt.

Il se forma concurremment à Paris et à Arras, chacune de ces villes ayant été, à tour de rôle, le centre administratif des affaires de la province.

Devenu terre française par le premier mariage de Philippe-Auguste, rendu au prince Louis à sa majorité, rattaché par celui-ci à la couronne, détaché de nouveau comme apanage de Robert Ier, repris sous la tutelle de saint Louis dès avant la longue minorité de son neveu, l'Artois, dans toutes ces vicissitudes, ne connut guère que de brèves intermittences d'autonomie.

Les clercs calculaient déjà, vers la fin du xiiie siècle, que si l'on défalquait de la somme des années écoulées celles où le comté avait été dans la main du roi, il n'en resterait pas le quart à l'actif du gouvernement personnel des seigneurs terriens [2].

[1] Voici les treize noms complémentaires repris dans ce mémoire : Guillaume Goolin, 1337 ; Robert Ghineman, 1378 ; Pierre Hâton, 1393 ; Thierry Gherbode, 1399 ; Tassart le Jone, 1410 ; Thibaut Barradot, 1477 ; Enguerran le Gillart, 1467 ; Pierre de Vaulx, 1473 ; Jean Briois, 1570 ; Antoine du Mont-Saint-Éloy, Philippe Bassée, 1573 ; Antoine de Canlers, 1579 ; Michel Routart, 1633 ; et un quatorzième pour la période française : Philippe de Buisinel.

[2] Voir des notes informes de procédure inscrites sur les feuilles de garde du premier cartulaire d'Artois aux Archives du Nord.

Ces notes constatent que sur les quatre-vingt-cinq années limitées par les dates 1201-1286, les soixante-quatre premières sont à retrancher, les vingt et une autres restant seules à l'actif de l'administration personnelle du comte d'Artois :

1° Philippe-Auguste gouverna l'Artois comme son domaine propre, témoin l'enquête de Capy : « Tempus istud, scilicet temporis annorum xii contra dominum

Or, l'Artois dans la main du roi, c'était la suprématie judiciaire du parlement doublée de l'omnipotence administrative.

Aussi comprend-on sans peine qu'avant de suivre saint Louis à la croisade, comme avait fait son père, Robert II eût pris la sage précaution d'établir à Paris une succursale de sa Cour-le-Comte d'Arras.

C'est pourquoi il avait acheté, rue Mauconseil, l'hôtel qui devait être le pied-à-terre de ses officiers pendant ses longues absences hors du royaume, et qui devint par la suite l'indispensable résidence politique de ses successeurs.

Car les mêmes alternatives allaient incessamment se reproduire : les guerres de Flandre, les investitures et compétitions successorales, l'invasion anglaise, la captivité du roi Jean, les émeutes populaires, autant de raisons ou de prétextes aux officiers du roi pour intervenir, et transférer d'Arras à Paris la haute administration des affaires de la province [1].

Ce dualisme administratif, donnant à l'Artois deux chefs-lieux, devait avoir pour résultat d'opérer une double stratification des

comitem non valet, quod dominus Ludovicus fuit in potestate regis Philippi patris sui, tum quod rex Philippus, de assensu comitis Flandrie et aliorum baronum pro suo proprio dominio et terra que tunc tenebat inquisivit et judicavit de pedagio Bapalmarum, a. d. M. CC. II. »

2° Le prince Louis, avant et après son couronnement, fut occupé à des expéditions lointaines qui ne lui laissèrent pas le loisir d'administrer par lui-même son comté.

3° Robert Iᵉʳ (1237-1243) «fuit per undecim annos in potestate regis Ludovici fratris sui».

4° Robert II «in ballo fuit usque ad annum LXVI».

Conclusion : «Summa annorum subtrahendorum ab. a. d. M. CC. II, ex causis predictis, usque ad tempus presens M. CC. IIIˣˣ et VI est LXIV annorum, et sic remanent XXI anni.»

A quoi le clerc ajoute : «Anno dom. M. CC IIIˣˣ II ; idem comes fit bajulus regis Sicilie, nec istud tempus contra dominum nostrum currere debet.» Il pouvait doubler ce nouveau décompte de quatre ans en y comprenant la croisade de Tunis, le premier voyage du comte en Pouille (1274-1276) et l'expédition dans le Midi qui suivit son retour.

[1] Pendant les guerres de Flandre, Philippe le Bel fit d'Arras son quartier général ; il y vint souvent diriger en personne la formation et les mouvements de ses armées (1297-1305).

Lorsque les nobles se liguèrent contre Mahaut, le roi saisit l'Artois, et cette main-mise dura de 1316 à 1319. — Histor. de France, t. XXII, p. 409, 411. — Inv. somm. du Pas-de-Calais, t. I, p. 95, 298, 299, 306, 309, 310; t. II, p. 153, 235. — Arch. de Saint-Omer, lettres de Philippe V, Amiens 7 nov. 1316, orig. Autres saisies du comté aux décès successifs de Mahaut et de Jeanne de Bour-

archives du domaine. Elle commence à Philippe-Auguste [1] et se
continuera sous les comtes. On n'a donc pas lieu de s'étonner si
c'est à Paris que se présente tout d'abord le premier garde en titre
d'office des chartes et privilèges de la province.

Ces chartes reposaient, pour une partie, dans l'hôtel d'Artois
acheté par Robert II en 1270, et dont on conserve les res'es; l'autre
partie se trouvait au trésor de Saint-Martin-des-Champs. D'après
certains indices, on aurait confié de préférence à cette annexe,
sans doute d'origine plus ancienne, les titres que l'on tenait plus
particulièrement à mettre en sûreté [2].

Maître Guillaume Goolin avait, en 1337, la garde de ces archives. C'était un clerc dijonnais, licencié en droit canon et civil.
Il demeurait à bail dans une des dépendances de l'hôtel et touchait
annuellement vingt-quatre livres de gages sur la recette générale
d'Artois [3].

Le premier document qui révèle le nom de ce trésorier nous
apprend en même temps qu'il dressa, cette année, un inventaire
de l'un et l'autre dépôt, avec le concours de Robert Gheluy d'Arras,
chapelain de la comtesse [4].

gogne, 1329 et 1330. — Arch. de Saint-Omer, reg. A, fol. 33, 45, 55. — *Inv.
somm. du Pas-de-Calais*, t. II, p. 1, 6, 9. — *Inv. des Arch. comm. d'Arras*, de
1669 : 23 janv. 1329, v. st.
  Les officiers du roi s'en emparent de nouveau en 1334, puis en 1337. — *Inv.
somm. du Pas-de-Calais*, série A, t. II, p. 13, 21.
  La guerre les y ramène en décembre 1346, et la minorité de Philippe de Rouvre,
les y maintiendra jusqu'au 4 avril 1349. — *Ibid.*, t. I, p. 118 ; t. II, p. 13.
  Jean, duc de Normandie, en avait alors le bail. Le roi reprend le bail en 1354.
— Arch. comm. d'Arras, 8 déc. 1354, orig., *Cartul.*, doc. 109.
  La reine et son fils rendirent le bail le 24 février 1360. — Arch. du Nord,
reg. A, coté 182, Chandeleur.
  [1] A la chancellerie, au greffe du parlement, à la chambre des comptes. Celle-
ci possédait encore, au siècle dernier, une série des comptes des premiers baillis
d'Artois de 1202 à 1234. Ils ont péri dans l'incendie de 1724, sauf un, publié
dans le *Rec. des Hist. des Gaules*, XXII, 575. — Voir, pour les autres, Brussel : *De
l'usage des fiefs.*
  [2] Voir plus loin p. 8 (p. 430 du *Bulletin*), note 2.
  [3] Arch. du Pas-de-Calais, A. 629. *Inv. somm.*, t. II, p. 46, ann. 1343.
  [4] «Che sont li compte Sauwalle du Luiton, receveur de la contée d'Artoys de
par Monsgr le duc de Bourgongne :
  «A mons. Robert Gheluy pour ses despens en alant de Hesdin Arras et d'Arras
à Paris pour les besoignes Monsgr, et pour les despens maistre Guillaume Goolin
et dudit Monsgr Robert fais à Paris en faisant les inventoires à Saint Martin des

Sa quittance du 18 mars 1342 montre qu'à cette date il était toujours en fonctions. Elle commence ainsi :

> Je Guillaume Goly, garde des lettres Mons. le duc de Bourgongne à Paris, fais savoir à tous que jou ay eu et rechu de Souale de Luyton, receveur d'Artoys, par la main Philippe Oustarde, changeur à Paris, doze livres parisis en rabat de ce que mesdis sires li dus me puet davoir pour cause de ma pension de ceste présente année... [1].

On voit que son nom affecte une double forme, « Goly » et « Goolin ». La dernière est celle que reproduit le sceau pendu à la quittance, elle est donc la vraie [2].

Quand Goolin est-il sorti de charge? A-t-il eu à Paris un successeur en titre d'office? On ne saurait le dire.

On ignore également à quelle époque les archives dont il avait la garde furent réunies au dépôt d'Arras. Il est vraisemblable que la fusion n'eut lieu qu'après l'avènement de la seconde maison de Bourgogne, alors que l'Artois commençait à s'affranchir de la tutelle de Paris.

Sur notre dépôt d'Arras, au XIIIe et au commencement du XIVe siècle, on sait bien peu de chose : tous les renseignements se bornent à quelques états sommaires sans dates, relevés par M. Richard [3]. Il semble légitime de supposer, par analogie, que la garde effective en était dès lors confiée à quelque familier de l'hôtel, chapelain

---

Champs et à l'ostel d'Artois de toutes les chartres et lettres de Monsgr — VII l., II s., VIII d. »

« Pensions et gages : A mons. Robert Gheluy, chappelain Monsgr le duc, pour le façon des quaternes des registres des comptes des baillius et du receveur d'Artois — X liv. »

« A maistre Guillaume Goollin qui garde les chartres et les lettres de Monsgr à l'ostel de Paris et à St-Martin des Champs, pour le moitié de ses gajes de ceste année présente — XII liv. ». — Ascens. 1338. — Arch. du Nord, reg. A, coté 408.

[1] Arch. du Pas-de-Calais, A 629. — La leçon « Joly » que donne icy l'Invent. somm. n'est pas justifiée. Il en est de même de « Ghely » qu'on rencontre plus haut. L'un et l'autre texte porte « Goly ». — Inv. somm., t. II, p. 46, col. 2. — Ibid., p. 40, col. 2.

[2] La légende du sceau est : S. GUILLELMI GOOLINI CLERICI. La bande coticée de l'écu est chargée de trois oiseaux oubliés par Demay. Seraient-ce des goélands? — Demay, Inv. des sc. d'Artois, n° 2254.

[3] Inv. somm., Introduction, p. 1.

ou clerc des comptes, tels que le seront les premiers titulaires
officiels que les documents vont nous signaler.

A l'étage du vieux castel crénelé de Robert de Jérusalem [1],
faisant front à la place de Saint-Vaast et attenantes à la chapelle,
les chambres des comptes, la trésorerie de l'hôtel et celle des
chartes occupaient un même corps de logis, les premières éclairées
par trois fenêtres vers le préau, la dernière au-dessus du grand
portail, voûtée, percée de deux fenêtres et surmontée d'un donjon
carré flanqué de tourelles [2].

L'affinité de ces services et la contiguïté de leurs installations
suffiraient à expliquer pourquoi la garde des chartes fut d'abord
annexée à la chambre des comptes, et ne constitua qu'assez tard
un office spécial.

C'est sans doute pour une raison semblable qu'on la voit

[1] « Nam et ipse (comes Robertus) amplas et honestas domos quæ hodieque
manent, unam scilicet juxta ecclesiam Atrebatensem... lapideo opere construxit. »
— Chronic. S. Andreæ Castelli, ap. Chronique de Balderic, Le Glay, 1834,
p. 377.

[2] « Pour œvres faites as creniaus des murs et en autres lieus par le castel ».
— Arch. du Pas-de-Calais, Compte du sous-bailli d'Arras, Ascens. 1290.

Travaux de couverture en ardoise « sur le hault donjon dudit chastel et sur les
petites tourelles qui sont emprès icelli ». — « Voies d'entour le donjon plommées ».
— Arch. du Nord, reg. A, coté 188. 1388-1389.

« Recouvert tout le comble de le montée par où on va en la chambre où sont
les lettres et chartes touchans le pais de Mortʳ et où donjon de dessus ». — Ibid.,
A, 188. 1402-1403.

« Refait le montée par où on entre en le trésorerie. — Item, refait l'uis de le
montée par où on entre de le montée en le chambre du trésor des lettres. — Item,
recouvert sur les 11 montées qui sont à l'entrée de la porte par où on entre en la
chambre des lettres du trésor ». — Ibid., reg. A, 189. 1407-1408.

« Quievrons de le montée de le trésorerie où on met les chartes d'Artois. » —
Ibid., reg. A, 192. 1427-1428.

« Pour LXXVI liv. de plonc pour le quéminée de le trésorerie, pour la pane-
terie, etc. » — Ibid., reg. A, 408. Chand. 1337-38.

« Recouvert sur le comble de le porte leur on fait le trésor. » — Ibid., A, 192,
1425-1426.

« A Robert de le Poterie pour faire 1 aistre en le cambre après cheli u on conte
deseure le porte. » — Arch. nat., KK, 393, fol. 70. 1312.

Quitt. de Jean Camus huchier : trois fenêtres pour « les 11 cambres des
contes de madame ». — Inv. somm., t. I, p. 373.

« A Loys, verrier, pour avoir mis tous les quarreaux des deux verrières estans
en ladicte chambre des chartres vers la Magdelaine. » — Arch. du Nord, reg. A,
coté 208.

quelquefois réunie dans une même main à la conciergerie de l'hôtel [1].

Au temps de Robert II, OEudes de Saint-Germain et Thierry d'Hireçon, l'un et l'autre clercs familiers de la Cour-le-Comte. possédèrent successivement toute la confiance du maître.

Le premier figure dans un grand nombre de documents. On remarque des copies de chartes exécutées par lui en 1290 [2].

Notons en passant que si ce clerc est le même que OEudes appelé de la Corroirie, *de Corrigaria* [3], comme j'en ai la conviction, il porte un nom inscrit par l'*Histoire littéraire* au catalogue de nos poètes chansonniers du XIIIᵉ siècle [4].

L'autre personnage est tout autrement connu. Le Mazarin de la comtesse Mahaut a été de nos jours reconstitué de toutes pièces avec autant de science que de conscience par M. J.-M. Richard [5].

Doué de toutes les aptitudes, prêt à tous les rôles — même à celui de capitaine [6] — le futur évêque avait aussi tous les appétits :

[1] Voir plus loin, p. 21 (p. 443 du *Bulletin*).
À Paris, les comptes de Mahaut étaient déposés à la conciergerie de l'hôtel : «Pour une almaire de fust mise en la conciergerie à Paris pour mettre les escris des contes madame, XXXIII s.» (1320). — *Inv. somm. du Pas-de-Calais*, série A, I, Introd. p. II.

[2] *Inv. somm. du Pas-de-Calais*, t. I, p. 152.

[3] La veille de son embarquement pour Tunis, saint Louis donnait, à Aigues-Mortes, au clerc du comte d'Artois, maître Odon de Paris, un sauf-conduit pour se rendre en cour de Rome, 20 juin 1270. — *Ibid.*, t. I, p. 32.
C'est la première mention de ce clerc relevée dans les comptes et l'unique qui le désigne ainsi. Il y reparaît ensuite dix fois sous les deux autres dénominations mentionnées ci-dessus, jusqu'à sa mort en 1295. «Adam» de Corrigaria, p. 62, doit évidemment se lire «Odon». — *Ibid.*, t, I, p. 37 à 62 et 152 à 158.
À noter le document suivant, décrit par les inventaires du XVIᵉ siècle et signalé comme manquant dès le XVIIᵉ : «Item, ung ancien livre en parchemin contenant la coppie d'une veue du conté d'Arthois faict l'an 1. IIᵉ IIIIˣˣXIII par OEudes de Sᵗ Germain, procureur du conte d'Arthois, à Guyot de Sᵗ Quentin, sergent du roy de France en la prévosté de Beauquesne, envoyé par le bailly d'Amiens pour estre présent à ladicte veue.» — Bibl. d'Arras, ms. 353, layette Arthois n° 4. — *Ibid.*, ms. 310, Arthois n° 12.

[4] *Hist. litt. de la France*, t. XXIII, p. 663.

[5] J.-M. Richard, *Mahaut, comtesse d'Artois et de Bourgogne*, Paris, 1887.

[6] Ce trait complète la physionomie et mérite d'être signalé. En 1304, un mois avant la bataille de Mons-en-Pévèle (18 août), on voit Mᵉ Thierri prendre le commandement des milices communales et marcher à leur tête au-devant des Flamands, jusqu'à Pont-à-Vendin.
«Pour maistre Thierri, pour ses despens fais à Lens et à Pont à Vendin, quant

offices, prébendes, châteaux, dignités, rien ne suffisait à son am-
bition. Est-il donc invraisemblable que le clerc commis aux comptes,
trésorier et chancelier de la comtesse, ait conservé par devers lui
le maniement d'abord, et ensuite la surintendance des chartes, cette
dépendance essentielle de ses autres attributions [1]?

Un fait, d'ailleurs, vérifie l'hypothèse, c'est qu'il fut, de ce chef,
accusé d'abus de confiance au procès de Robert d'Artois. On connaît l'affaire des *convenances*, autrement dit le contrat de mariage
de Philippe d'Artois et de Blanche de Bretagne. On ne les trouvait
plus; donc c'était, disait-on, M⁰ Thierry qui les avait fait dispa-
raître, puisqu'elles avaient été déposées au ferme de Saint-Martin-
des-Champs, et qu'il en avait la garde [2].

Fondée ou non, une telle accusation n'aurait pu se produire si
M⁰ Thierry n'eût été, à un titre quelconque, le précurseur de
Goolin.

En parlant de l'inventaire dressé par ce dernier, tant au ferme
du prieuré qu'à l'hôtel d'Artois, j'ai cité le nom de son collaborateur
Robert Ghéluy; c'était un clerc des comptes d'Arras, et le choix
de sa personne pour cette mission spéciale, indique suffisamment

---

il mena le commugne d'Arras, à le prière et à le requeste le commun, le merquedi jour S⁺ Vaast dusques à son repairier et le diemence après — xl lb.
ii s. x d.»

«Pour maistre Thierri, pour ses chevaus, le merquedi jour S⁺ Vaast dusques à
son repairier, quant il mena le commugne d'Arras au Pont à Wendin, par le main
Tassart sen clerc pris iii menc. d'avaine.»

«Item, par maistre Thierri quant il mena ledite commugne à Arras et fu
logiés à Avions, avoine pour ses chevaus prise par ledit Tassart, etc.». — Arch.
du Nord, Ch. des C., Reg. A, 399, Lens. Toussaint 1304.

A noter cette épée à garniture d'argent donnée par la comtesse à M⁰ Thierry
devenu récemment prévôt d'Aire, bien qu'il ne fût pas prêtre :

«A Robert de Lens pour l'estoffeure d'argent d'une espée le prévost, baillié du
commant madame par la main Jehan de Rue — x lb. v s.» — *Inv. somm. du
Pas-de-Calais*, t. I, p. 246.

[1] «Pour envoiier du command. Mons. le prévost d'Aire, d'Arras à Hedin,
pour apporter les escrips de Calais à Arras qui estoient en le tourele de le capelle
du castel madame à Hedin, pour les despens du keval et du vallet — v s.» — *Inv.
somm. du Pas-de-Calais*, t. I, p. 323.

[2] «Deux doubles de ces convenances avaient été scellés : l'un fut déposé au
trésor des chartes du roi, l'autre à l'abbaye de Saint-Martin-des-Champs, sous la
garde de Thierry de Hérisson, clerc de Robert d'Artois.» — Kervyn de Lettenhove,
Bulletins de l'Acad. royale de Belgique, 2⁰ série, t. X et XI, cité par J.-M. Richard,
Mahaut, p. 26.

que la trésorerie devait lui être aussi familière que les errements de la chambre d'Artois.

Car, malgré l'autorité qui s'attache à l'opinion contraire [1], il me semble impossible de contester qu'il existât une chambre des comptes à Arras, un siècle au moins avant l'institution de celle de Lille, succédant l'une et l'autre aux vieilles « renenghes » de Flandre.

C'est d'elle qu'il est question, dès le xiii° siècle, à propos des comptes rendus par les receveurs *coram gente nostra per nos specialiter ad hoc statuta* [2].

Cette désignation vague de « la gent du conte », « les gens des comptes [3] » sera bientôt précisée par celle de « court [4] » et de « chambre des comptes » d'Artois [5]. Individuellement, les gens des comptes sont qualifiés de « clerc », « conseiller », « auditeur », ou « maître des comptes [6] ».

Leur siège est au castel où ils ont leurs bureaux et leurs archives [7]. Ils se transportent d'ailleurs, par délégation, là où les

[1] « Il n'y a pas de chambre des comptes (elle ne sera instituée qu'en 1385 à Lille) : mais des hommes de confiance sont désignés pour examiner la comptabilité des bailliages. » — J.-M. Richard, *Inv. somm.*, t. II, p. ix.

[2] *Ibid.*, t. I, p. 160. 1296.

[3] « Ch'est li comptes des baillus d'Artois fais à la gent madame d'Artois dou terme de le Toussains ki fu en l'an mil trois cens et trois. » — Arch. du Nord, Ch. des C., coté A, 399. *Ibid.*, A, 380. 1307.

« Les gens de nos comptes en Arras : Alloés es comptes mess. Renaut Levoul, nostre receveur général d'Artois, la somme de huit frans et demy qu'il a paiez pour roisins par lui achetez à Arras... » 31 août 1364. — Arch. du Pas-de-Calais, Trés. des chart.

[4] « Et est comptée es comptes par devers le court. » 1308. *Inv. somm.*, t. I, p. 229. — *Comptes d'un receveur rendu* « à court ». *Ibid.*, t. II, p. 82. 1365. Comptes du receveur Jean le Verrier à partir de 1358 « que li dis Jehans compta daesrainement à court ». — Bibl. d'Arras, Comptes des baillis (Monteil).

[5] « Et madame leur mist journée à Arras au quinsime jour après le Pentecouste de respondre de l'information, si elle fust trouvée en le cambre des comptes. Adonc messires li prévost d'Ayre bailla as eschevins unes lettres, etc. » — Bibl. nat., Colbert-Flandres, 189, fragment 62. S. d. 1311? Réglement de comptes pour la livrée de 1339 « en nostre chambre à Arras ». — Arch. du Nord, Ch. des C., reg. A, coté 363.

[6] *Inv. somm. du Pas-de-Calais*, t. II, p. 71, 78 et 79, 92, 108 et 140.

[7] « A Robert de le Poterie pour faire 1 aistre en le cambre après cheli u on conte deseure le porte. » 1312. — Arch. nat., KK, 393, fol. 70. Quittance de Jean Camus, huchier, pour ouvrages, tables, bancs, lambris, sièges, etc. pour « les 11 cambres des contes madame d'Artois à Arras ». 7 juin 1329. — *Inv. somm.*, t. I, p. 473.

« Pour hauchier un comptoir en le cambre des comptes et un bank et un esca-

appellent les besoins du service, à Saint-Omer, à Béthune, à Hesdin, à Bapaume, à Paris, de même que des auditeurs délégués de Paris viennent au besoin à Arras vérifier les comptes du domaine, lorsque l'Artois retombe dans la main du roi [1].

meles à passer sups. — IIII aunes de saie d'Alemagne pour geter sups. — Parge vermeille pour ledit comptoir. — Pour VI mains de papier pour le cambre des comptes.» — Arch. du Nord, Ch. des C., reg. A, coté 182. 1358, Touss.

«Item, pour i cent de jectoirs accatés pour le cambre des comptes quant li recepveres de St-Omer vint de Hedin à Arras pour rendre ses comptes — x gros.» — *Ibid.*, reg. A, coté 182. 1362, Touss.

«Pour i bureau à mectre sur le comptoir de le cambre des comptes d'Artois à Arras — XXXII s.» — *Ibid.*, reg. A, 184. 1380, Touss.

Quittance de Jean le Plé, procureur du Duc, pour avoir avec Gilles de Chastel, conseiller du même Duc et bailli de Lens, visité «les anchiens registres et comptes qui sont en la chambre des comptes d'Arras» lequel «scripsy et doubla plusieurs extrais anchiens en ladicte chambre des comptes». 1392-1393. — *Inv. somm. du Nord*, t. IV, p. 12.

[1] «Auditus apud Attrabatum XV aprilis anno CCC.XLVII, in presencia Johannis de Hangesto consiliarii et magistri computorum domini Regis, commissariique ad audiendum compotos comitatus Attrebatensis, ac domini Roberti de Lugneyo, thesaurarii Cabilonensis.» — Bibl. d'Arras, Comptes des baillis (Monteil).

Jacques de Cunchy, bailli de Lens, se rend à Arras «au commandement de nosseigneurs tenans les comptes». Chand. 1351-1352. — Arch. du Nord, Ch. des C., Recette de Lens.

«Compte Regnauld Levoul, prestre, des receptes et mises qu'il a faites au command mons. le gouverneur d'Artois et de mess. des comptes estans à Arras de par madame la Royne...» 1352. — Arch. nat., reg. KK, 394, fol. 103.

Mandement de Jehanne, reine de France, ayant en l'absence de Mgr le gouvernement des terres de notre filz le Duc de Bourg. et comte d'Artois «aux gens tenant les comptes en Artois».

Me Jean Biset, secrétaire du Duc de Bourg. et Me Yve de Conne, chanoine de St Quentin «commis par la Reine pour ouïr les comptes des receveurs d'Artois et Boulonnois». Juillet 1358. — *Inv. somm. du Pas-de-Calais*, série A, t. II, p. 66.

Voyages successifs du receveur des bailliages d'Aire, St-Omer, etc. «pour venir compter à Paris au mandement de nosseigneurs des comptes des termes de le Toussains CCC.LIIII»; et de Paris à Arras pour le même objet. — Arch. du Nord, Ch. des C., reg. O, coté 39. Ascens. 1355.

«C'est le compte Simon Maillart, général receveur de toutes les rentes et esmolumens de tous les pays et terres de madame Marguerite, contesse de Flandres, d'Artoys et de Bourgoigne.» 1362-1363.

«Et fust oy cest comptés à Paris en l'ostel d'Artoys.....». — *Inv. somm. du Pas-de-Calais*, t. II, p. 74.

«Pour grâce et remède fait au prévost de Bappaumes par les signeurs des comptes et tenans ychiaux à Bappaumes, est assavoir mons. Maturin, mons. de Vaux et messire Robert Ghellays.» 1361. — Arch. du Nord, Reg. B.

C'est à ces alternatives politiques que la chambre d'Arras dut son origine. Elle n'était autre chose que le conseil, autrement dit la cour d'Artois, constituée en juridiction spéciale pour l'exercice du contrôle financier. Suite et contre-partie de celle de Paris, elle la continua, telle qu'elle fonctionnait à l'origine, en s'appropriant ses dénominations, ses usages, ses formules.

Comme pour le conseil lui-même, dont elle n'est qu'une section administrative, aucune règle fixe ne préside à sa composition. Elle comprend essentiellement un ou deux clercs ou conseillers-auditeurs, auxquels s'adjoignent au besoin d'autres officiers arbitrairement choisis, en nombre indéterminé [1].

Ils critiquent les rôles, mandent les receveurs, ordonnent des enquêtes, reçoivent des rapports, connaissent de la remise des amendes, de la modération des fermages et autres questions fiscales.

Pour ce service extraordinaire, il leur est alloué des vacations en dehors de leurs gages annuels.

[1] Une enquête est faite en 1296 par trois commissaires, dont deux clercs. — *Inv. somm. du Pas-de-Calais*, t. II, p. IX et 21.

Les comptes des baillis sont reçus à Saint-Omer, en 1299, par six auditeurs, trois clercs et trois chevaliers. — *Ibid.*, t. II, p. IX, 146 et 164.

Compte des dépenses du gouverneur d'Artois, établi en sa présence, devant trois chevaliers et trois clercs, à la Toussaint 1331. — *Ibid.*, t. II, p. 5.

Le gouverneur d'Artois règle une fourniture de draps de livrée devant trois officiers de l'hôtel, «en nostre chambre à Arras» le 3 décembre 1339. — Arch. du Nord, Ch. des C., reg. A, coté 363.

Compte du receveur de Lens de 1358, vérifié en 1362 par l'abbé du Mont-Saint-Éloi, Mathurin Rogier et deux conseillers. — Arch. du Nord, Ch. des C. reg.

Mathurin Rogier, clerc chanoine d'Aire et Tristran du Bos, sieur de Famechon, étaient gouverneurs d'Artois et prenaient part à l'audition des comptes. Le premier, dans un mandement du 31 octobre 1361, remplace son titre de gouverneur par celui de «conseiller et maistre des comptes de la contesse de Flandres». L'un et l'autre donnent quittance en décembre 1365 des indemnités à eux payées pour l'audition des comptes à Arras. — *Inv. somm. du Pas-de-Calais*, t. II, p. 71 et 78.

«C'est li comptes Simon Maillart, général receveur de toutes les rentes et esmolumens de tous les pays et terres de madame Marguerite contesse de Flandres d'Artoys et de Bourgoigne...»

«Et fust oy cest comptes à Paris en l'oulel d'Artoys, le XVI de juillet LXIII par mons. Maturin (Rogier, gouverneur d'Artois) et moy Humbert de le Platière (maître d'hôtel de la comtesse), présent le chancelier (Ansel de Salins, sire de Montferrant), maistre Pierre Cuiret (conseiller), d'Esparnay (clerc de la comtesse) et Michelet (Michel Joly, concierge).» — *Ibid.*, t. II, p. 74. 1363.

On comprendra quelle importance devait avoir la clergie permanente d'un conseil administratif aussi variable. Robert Ghéluy, chapelain du duc de Bourgogne, en fut pendant près de quarante ans l'âme, ou du moins la cheville ouvrière [1] sous la haute impulsion des gouverneurs [2].

La preuve en est dans les missions diverses qui lui sont confiées, dans ses voyages avec ses clercs, soit à Paris, soit à Hesdin et ailleurs par les villes d'Artois, portant et rapportant « les quaternes des registres » de la recette générale confectionnés par eux, vérifiant les rôles et pièces justificatives des recettes particulières déposés dans leur chambre des comptes, et, pour se désencombrer, les entassant dans la trésorerie : de là, sous une même étiquette, le mélange actuel des chartes et des comptes.

Ghéluy demeurait à deux pas de ses archives dans l'ancienne maison de l'enlumineur Massiot, au coin de la rue *Pute-y-muche* [3], en face de la gouvernance; le duc la lui avait donnée sa vie durant [4].

Il mourut vers la Chandeleur 1369, et fut remplacé au conseil par Jean Blarye, dont il n'est pas rare de rencontrer la signature sous le visa du contrôle.

Une nouvelle vacance s'étant produite en 1380, il y fut pourvu de la manière indiquée par l'extrait suivant des registres de la recette :

A messire Robert Ghineman, lequel madame a de nouvel retenu son conseiller et auditeur de ses comptes, aux gaiges et pencion de L frans

[1] *Inv. somm. du Pas-de-Calais*, A, t. II, p. 6, 25, 32, 34, 46, 48, 50, 53, 58, 62, 66, 76, 78, 85, 88, 92, 169 et 215 (1331-1369). — Arch. du Nord, Ch. des C., A, coté 363, Arras. Ascens.-Touss. 1339-1340. — *Ibid.*, A, coté 401. Arras, Touss.-Ascens. 1343-1344. — *Ibid.*, A, coté 182. Arras, Ascens. 1363.

[2] L'histoire locale les connaît à peine; elle n'a ni catalogué leurs noms, ni étudié leur rôle administratif. Ces lieutenants du comte se rattachent aux premiers souverains baillis qu'ils continuent par l'intermédiaire des « gardes de la terre » et des « maîtres d'Artois » de Robert II et Mahaut. Ils habitaient au XIVe siècle l'aile du palais nommée la *Gouvernance* ou *Petite Cour-le-Comte*.

[3] Travestie à Paris en rue du *Petit-Musc*, l'erreur d'un scribe, reproduite d'acte en acte depuis 1581, en a fait à Arras la rue *Poitevin*, aujourd'hui *Putevin*. Le mot n'a plus de sens, moins que tout autre celui de *puteus divus* imaginé par *Les Rues d'Arras*, t. II, p. 322; la première étymologie était beaucoup plus claire.

[4] Arch. du Nord, Ch. des C., A, coté 408. Touss. 1337.

par an, à paier à III termes, Toussains, Chandellier et Ascension, si comme il appert par les lettrez de ma dite dame données le XII° jour de may CCC. IIII^xx (1).

« Messire Robert Ghineman, prêtre », auditeur *des comptes*, est le premier garde des chartes d'Artois à Arras dont le titre officiel ne saurait être contesté.

Sa famille paraît originaire de Barlin, près d'Houdain (2). Il figure dans deux actes de 1357 et 1371, là comme témoin d'un « rétablissement à la loi » (3), ici comme procureur de l'évêque de Cambrai (4).

On le voit plus tard chargé de missions de confiance diverses, notamment de servir une rente de 100 francs allouée par le comte Philippe le Hardi à Catherine de Flandres, sœur bâtarde de la duchesse sa femme, en résidence forcée au monastère de la Thieuloie sous les murs d'Arras (5).

Robert Ghineman tomba gravement malade au mois de mai 1392. Le bailli d'Arras, Pierre de Lattre, appela aussitôt un serrurier et fit mettre « ung fort loquet à l'uis de le chambre des chartres du *trésorier d'Artois*, qui est dessus la porte devant l'ostel de

(1) Arch. du Nord, Ch. des C., A, coté 184. Arras, Chand. 1381-1382.

(2) Houdain eut un prévôt de ce nom avant 1288. — On voit « Robers Guinemans et Adans Guinemans de Ballin », frères, passer un acte à Arras en 1290. — Arch. du Pas-de-Calais : St-Vaast, *Maus*, I, 4.

(3) Arch. comm. d'Arras, Reg. mém., I.

(4) Lettres de Gérard, évêque de Cambrai, du 17 juillet 1371, dans un instrument du 21 juillet 1374, nommant ses procureurs Pierre Rousselet, prévôt du chapitre d'Arras, Pierre du Ploich, archidiacre de Quimper (Corisopitensis), Pierre Cramette et Pierre Faucon, chanoines d'Arras, avec Gautier de Beauvoir et Robert Ghineman. — Arch. du Nord : Église de Cambrai. Orig.

(5) « A messire Robert Ghineman, conseiller et maistre des comptes de Mons^gr estans à Arras,... la somme de cent frans pour faire les despens et nécessités de demoiselle Katherine de Flandres, sœur bastarde de madame de Bourgongne, laquelle demeure ad présent à la Tieuloye emprès Arras,... et avec ce, tant qu'elle serra et demourra audit lieu, elle avera par vertu dudit mandement, pour chascun an, la somme de cent frans. » — Arch. du Nord, Ch. des C., A, coté 454. Arras, 1389-1390.

Le 19 avril 1386, « messire Robert Guineman, auditeur des comptes » délivra, par ordre, certaines lettres (obligatoires?) aux mains de Jacques de Mannez, chevalier, héritier par Jeanne de Rély, sa femme, de feu noble homme messire Griffon de Rély, chevalier. — *Analysé au vieil inventaire des chartes d'Artois de 1526, fol. XIII^vo.* — Arch. du Nord.

— 14 —

la Court le Comte d'Arras, pour ce que messire Robert Ghineman, qui avoit la garde dudit trésor, estoit si malades qu'on n'y attendoit point de vie, afin que aucune personne ne entrast oudit trésor pour y faire mal, car les gens dudit Robert ne voloient rendre les clefs, si ce n'estoit par l'ordenance de mons. le chancellier de Bourgogne [1] ».

L'événement justifia leur résistance : le malade survécut. On le voit, l'année suivante, obtenir de l'échevinage, non sans quelques procédures, la reconnaissance d'une rente sur la ville, dont celle-ci lui contestait la propriété [2].

Sa mort précéda le mois de février 1394 [3].

Ghineman était chapelain perpétuel de Notre-Dame d'Arras; ce fut un chanoine de la même église qui le remplaça à la trésorerie. Le chancelier de Bourgogne, dont on vient de parler, ne fut certainement pas étranger à l'élection : ce chancelier n'était autre que l'évêque d'Arras, Jean Canard [4].

Messire Pierre Haton, le nouveau « garde des chartes d'Artois », bénéficiait, en 1360, d'une chapellenie fondée au château de Bapaume, par la comtesse Marguerite, pour l'âme de Louis de Nevers,

[1] Arch. du Nord, Ch. des C, A, coté 185. Arras, 1391-1393.

[2] Arch. comm. d'Arras, Reg. mém., III, fol. 6, r°. 14 mars 1393.

[3] On ne connaît pas ses dispositions testamentaires. Avant sa mort, il avait donné aux chapelains ses confrères deux petites maisons, rue des Béguines-en-Cité. Une partie de sa rente échut à sire Jacques Ghineman, son neveu, et à Jeanne, sa nièce. Sire Jacques mourut vers 1439, laissant pour héritiers légitimes ses quatre sœurs et un fils, Jacques Gilleman, qui épousa la sœur bâtarde de Payen de Beauffort et fut impliqué avec lui dans le procès de la Vauderie d'Arras. Car, malgré une légère différence dans l'orthographe du nom, c'est bien de lui que parle Jacques du Clercq, disant que ce «Jacques Gilleman estoit fils d'un chanoine d'Arras». (Mémoires, liv. IV, ch. iv.)

Sire Jacques Ghilleman se trouve mentionné avec les autres chapelains perpétuels au sujet de l'exécution testamentaire de Jacques de Rue, 17 décembre 1477. — Arch. du Pas-de-Calais, Ch. d'Arras, orig.

Voir, pour plus amples renseignements, Arch. comm. d'Arras, reg. aux embrevures: 1423-1424, fol. 11, r°; — 1424-1425, fol. 35, r°; — 1438-1439, folio 228, r°; — 1464-1465, 3 septembre; — 1482-1483, 19 octobre.

Le sceau de Robert Ghineman, auditeur des comptes, a été relevé par Demay. Sceaux d'Artois, n° 2256.

[4] Trompé par la forme latine « Johannes Canardi », Gazet a italianisé le nom de cet évêque, et nos historiens s'obstinent à l'imiter. Cependant les chartes et son épitaphe protestent, il s'appelait Jean Canard et non Canardi.

comte de Flandres, son premier époux, fondation transférée plus tard à Saint-Donat de Bruges (1368) [1].

Le chanoine et son frère Étienne étaient des familiers de la cour d'Artois; ils s'asseyaient à la table des hauts dignitaires les jours de gala. Pierre Haton dut à cette faveur l'obtention d'une des six prébendes comtales de Saint-Pierre d'Aire; il devint ensuite chanoine de Notre-Dame d'Arras à la mort de R. le Voyer [2].

A peine entré à la trésorerie des chartes, le duc de Bourgogne le chargea de recevoir et d'employer, de concert avec Pierre de Baudart, argentier de la commune, une somme de 2,000 francs qu'il abandonnait à celle-ci pour l'amortissement d'emprunts qui la grevaient [3].

Une mission de cette nature ne pouvait que le mettre en crédit auprès de l'échevinage; aussi s'empressa-t-on de le choisir pour chapelain en remplacement de défunt André le Caron, premier titulaire de la chapelle fondée en 1372 dans l'ancienne halle échevinale; il était alors chantre de Notre-Dame, une des dignités capitulaires de cette église [4].

[1] Arch. du Nord, Ch. des C., Recette de Bapaumes, Avesnes et Aubigny, 1360-1365. — Ibid., septième Cartul. de Flandres: Permutation de prébende à Lillers.

[2] Inv. somm. du Pas-de-Calais, A, t. II, p. 71, 72, 75, 78, 90, 97, 102, 114, 121, 124, 129.

«Compotus Roberti Regis curati parrochialis ecclesie S. Nicholai supra fossata», 1389-1390. — Arch. du Pas-de-Calais, paroisse Saint-Géry.

Ibid., chap. Notre-Dame. Fondation d'obit par Estene Vergonio, chanoine, 24 mai 1388. Orig.

[3] «Philippe, fils de roy de France, duc de Bourg^, conte de Flandres et d'Artois, etc. A nos bien amés messire Pierre Haton, canône de l'église d'Arras et garde de nos chartes d'Artois, et Pierre de Baudart, bourgeois de notre ville d'Arras, salut.» Arras, 15 février 1393, v. st. Signé: Terri Gherbode. — Arch. comm. d'Arras, Reg. mém., III, fol. 64, r°. — Ibid., fol. 130, v°. — Cf. minute de quittance, 22 août 1394, papier.

[4] Arch. comm. d'Arras, cart. PP (papier), n° 49, p. 76, 4 février 1398, v. st. —Arch. du Nord, Ch. des C., reg. A, coté 188. Arras, 1401-1402.

La demeure du chapelain de la halle échevinale tenait aux «Quatre Lieux Emon», rue Saint-Jean-Ronville, près du presbytère. Pierre Haton prit à bail de l'évêque une autre maison en Cité, contiguë à l'hôpital et chapelle de Sainte-Anne, 19 septembre 1401. — Reg. kantar. episcop. Attreb., n°° 403, 404, 405 de la table.

Il vivait encore en 1408, comme on le voit par le compte du reliquaire du chef de saint Vaast.

Quelques mois plus tard, à l'extrême limite du siècle, dans le but d'assurer la conservation des chartes et leur classement, on jugea nécessaire d'en centraliser le service et de placer sous une même direction les divers dépôts de la Flandre et pays voisins.

Le duc institua à cet effet un office de garde général des chartes de Flandres, Artois, Réthelois, Limbourg, et Brabant en expectative, aux gages annuels de 3oo francs; il y commit son secrétaire Thierry Gherbode, naguère chargé par lui de l'inventaire de Rupelmonde.

Ordre était donné de lui délivrer les clefs de chartes; en cas d'absence, il devait lui-même les remettre aux mains d'un conseiller ou officier choisi par le duc.

Aussi voulons-nous, disait la commission, que les clefs de nos trésories qui sont ou seront ordenancés en nos pays d'Arthois et Réthelois et de Lembourc, ou de Brabant quant il nous escherra, ledit maistre Thierry y laisse, en chascun de nos pays, en garde à aucuns de nos conseillers ou officiers, telz comme bon nous semblera.

Donné à Rouem, le dernier jour de novembre mil ccc. quatre vingts et dix nœuf [1].

Bien qu'elle n'ait pas survécu à Gherbode, cette organisation n'en est pas moins importante à noter : elle inaugure, pour la trésorerie d'Arras, un régime nouveau que l'on n'a pas remarqué jusqu'à présent, celui des commis-substituts, sorte de dédoublement de l'office séparant le titre de la fonction, régime demeuré en vigueur jusqu'à la fin de la domination espagnole [2].

On ne sait si, devenu chapelain de la halle échevinale, Thomas Hatton conserva, sous Gherbode, la garde et la clef du dépôt; les documents sont muets sur ce point jusqu'en 1411 [3].

A cette date, on constate la venue de Gherbode à Arras, en

---

[1] Arch. du Nord, reg. de Ch., 1399-1403, fol. 3a, et reg. des Ch., 1403-1412, fol. 12. La première de ces commissions a été analysée et la seconde publiée textuellement par Gachard, *Inv. gén. des arch. de Belgique*, Bruxelles, 1837, t. I.

[2] Les documents abondent sur Thierry Gherbode. Il eut de Jeanne Waye six enfants naturels qu'il fit légitimer. Il mourut le 14 février 1420. Son sceau a été décrit par Douet d'Arcq, *Invent.*, n° 10401.

[3] Si la mort de Thomas Hatton coïncidait avec la nomination de son successeur, ce que je ne puis affirmer, la question serait résolue: c'est une recherche à faire.

même temps que la trace de certaines dépenses d'appropriation faites par lui à la trésorerie[1].

Mais son voyage est surtout significatif en ce qu'il coïncide avec l'institution d'un office distinct pour les chartes d'Artois, en faveur de l'ancien procureur général de la province.

Tassart le Jone avait occupé ce poste pendant trente ans. Il en fut relevé sur sa demande, le 24 décembre 1410, « par considéracion de sa foiblesse et son ancien éaige, ouquel il estoit jà bien avant décliné[2] ».

La charge de trésorier des chartes allait lui assurer un repos bien mérité : c'était, au dire d'un contemporain, la plus enviable des sinécures :

Item, et en la ville d'Arras, à un certain office que on dist le garde des chartres et previlèges de mondit seigneur séans audict lieu, et lequel a cent francs monnoie roial chascun an de gaages, et si n'a ne charge ne travel de quelque chose faire, si non tant seullement de garder la clefz servant à la tresorie desdictes chartres ; et advient le plus des années que en ladicte trésorie ledict garde ne va que une fois ou deux, et semblent gaiges inutilles et dont mondict seigneur le duc se passeroit très bien. Et premièrement que ledict office fu créé par mondict seigneur ou ses prédécesseurs contes d'Artois, ledict office fut baillié par manière de provision et durant sa vie à Tassart le Jone, qui, par son ancienneté, se depporta lors de l'office de procureur général d'Artois, que par grant temps il avoit exercé : néantmoins, il s'est depuis trait en conséquence[3].

[1] « A m⁽ᵉ⁾ Thierry Gherbode, dépenses faites à Rupelmonde et à Arras, six layettes, trois clefs, etc., livrées pour la trésorerie. » — Arch. du Nord, recette de Flandre, 1411-1412, fol. 97.

[2] Le deuxième cartulaire d'Artois, conservé aux Archives du Nord, porte cette suscription : « Chilz livres est à Tassart le Jouenne, procureur général d'Artois, ouquel livre sont contenues coppies de pluiseurs lettres que trouverés sur autel nombre qu'il y a escript en le table de le déclaracion desdites coppies dont les teneurs s'ensuivent. » (Ad présent coppié par m⁽ᵉ⁾ Jehan Mansel, procureur général d'Artois, l'an XXXVII.)

Tassart le Jone, demeurait au « Cerf volant », rue de Balances (n° 7 ?), hôtel acheté par lui de Regnault Haton, le 23 septembre 1395. J'ai reproduit son sceau armorié (un créquier), Sigillog., pl. XXXII, n° 12, d'après une quittance des Archives communales d'Arras. Il en existe un autre exemplaire aux Archives du Nord, Cantimpré, 22 juin 1410. On le trouve également aux Archives de la Côte-d'Or, 6 mai 1387. Demay ne l'a pas catalogué, soit par oubli, soit qu'il le confonde avec celui de Tassart le Joule (1346), vraisemblablement le père de notre trésorier. Voir Demay, Inv. des sceaux d'Artois, n° 1849.

[3] Arch. du Nord, Ch. des C., portefeuille Artois, Cahier de dix feuilles avec ce

Jean des Poulettes succéda à Tassart le Jone, entre 1413 et 1415. Il avait débuté à Arras, vers 1380, comme clerc, sous le «maître des comptes» Blarye, et «l'auditeur des comptes» Ghineman, son prédécesseur aux chartes, et sans doute aussi son initiateur [1].

Il devint, en 1390, receveur des bailliages d'Arras et Bapaumes, en remplacement de Pierre de Montbertaut promu maître de la chambre aux deniers [2].

Les qualifications sont à noter; on le dit «garde des chartres, privilèges et autres lettres [3]», «garde des chartres lettres et registres touchans l'Artois [4]». La garde ne se bornait donc plus aux chartes, elle s'étendait aux autres lettres et registres renfermés dans le dépôt.

Philippe des Poulettes, fils de Jean, comme lui conseiller du duc de Bourgogne, s'était assuré dès le 4 décembre 1428, la survivance de l'office exercé par son père [5].

Il lui échut en 1434 [6].

C'est sous son administration que fut adressé au duc le rapport cité plus haut, où, entre autres économies, on proposait la suppres-

sommaire : «Minute originale de certains advis donné au conseil de Philippe surnommé le bon Duc de Bourg^ne au mois d'Aoust 1437, touchans plusieurs affaires pour le proffit du duc en Artois, conté de St Pol.»

[1] Leurs gages annuels sont indiqués par cet extrait du compte de la recette d'Arras, Touss. 1381 :

«Maistre Jehan Blarye conseillier et maistre des comptes, c liv. — Messire Robert Ghineman, conseillier et auditeur des comptes, n liv. — Jehan des Ponillettes, clerc des comptes, xx francs.» — Arch. du Nord, Ch. des C., reg. A, coté 184.

[2] Ibid., reg. A, coté 185, 15 mars 1390.

[3] Quittance sous seing manuel de cinquante livres, reçues pour moitié de ses gages de Jean de Diévat, sur la recette de Bapaume, 12 juillet 1416. — Arch. du Nord, Ch. des C. Orig.

[4] Autre quittance : Inv. somm. du Nord, IV, 82. — Ibid., I, 325, n° 1433. 1418, mai-juin.

[5] Commission datée de Bruges, sous le vidimus des échevins d'Arras du 27 septembre 1431.

[6] La dernière quittance des cent francs de pension que Jean des Poulettes touchait annuellement, «pour raison de la garde des chartres, sur les deniers de la bûche de paiage de Bappalmes et des helles», est datée du 12 novembre 1433. — Arch. du Nord, Ch. des C. Orig.

Philippe avait épousé Catherine de Tenremonde. Ils vendirent, le 28 octobre 1435, l'héritage paternel du Cerfen de Warance, en face du préau des Ardents. — Arch. com. d'Arras, Reg. aux embrevures, 1434-1435 et 1476-1477, fol. 18, r°.

sion de cette inutile sinécure, ce qui n'empêcha pas le bénéficiaire d'en jouir pendant trente ans : il est vrai de dire que l'ancien traitement de 100 francs avait été réduit, en 1454, à 50 livres tournois [1].

À Philippe des Poulettes succéda, en 1468, M° Thibaut Barradot, secrétaire du duc de Bourgogne [2]. Tout porte à croire qu'il était encore titulaire de l'office à l'arrivée de Louis XI, en 1477, puisque, quinze ans plus tard, au lendemain de la surprise d'Arras, c'est lui que nous retrouvons en possession de l'emploi.

Il résulte cependant d'un témoignage irrécusable qu'à la date indiquée ci-dessus, « maistre Clarembaut Couronnel souloit tenir et excercer l'office de garde des chartes et privillèges du pays d'Artois [3] ». C'est Louis XI qui parle ainsi en lui donnant un successeur.

On connaît la fin tragique de ce conseiller de Marie de Bourgogne, son avocat auprès de la cour spirituelle d'Arras [4]. Aucun des autres documents qui le concernent ne porte la qualification que lui attribue la charte royale; on ne la trouve que là.

N'est-il donc pas permis de se demander si M° Clarembaut était bien le trésorier en titre d'office, ou s'il n'était pas simplement, comme l'indiquent les vraisemblances, le commis de M° Thibaut Barradot, autrement dit son substitut ? La réponse ne nous paraît pas douteuse.

Toujours est-il qu'en plein bombardement d'Arras [5], à l'heure où le roi allait y entrer à cheval par la brèche, M° Jean de la Vacquerie, naguères procureur général de la duchesse, et, depuis trois ans, conseiller pensionnaire de l'échevinage, recevait, comme premier acompte pour ses services exceptionnels, la dépouille de son ~ du père

[1] Par lettres de Philippe le Bon, du 22 mars 1453, v. st. — Arch. du Nord, Ch. des C. reg. B, coté 119.

[2] *Ibid.*

[3] Arch. du Pas-de-Calais, Gouvernance, B. 787, Reg. aux Commissions, folio 3, r°.

[4] Il n'a jamais été, comme on l'a cru, conseiller pensionnaire de l'échevinage.

[5] Le bombardement commença le 20 avril 1477. La commission du nouveau garde des chartes est datée d'Averdoing, le 25 avril. Arras capitula le 4 mai. Le roi y entra le lendemain, et, le surlendemain, il fit expédier des lettres de « confirmation de noblesse en faveur de Jean de la Vacquerie». — Voir, sur ce personnage, une très substantielle étude de M. Brassart, Douai, 1885, in-8°, 36 p.

2.

confrère décapité. En attendant l'expédition de ses lettres de noblesse, il était nommé garde des chartes et privilèges du pays d'Artois.

Il a, disait le roi, habandonné tous et chascuns ses biens, tant mœubles que immœubles et héritaiges qu'il avoit en ladicte ville d'Arras... et s'en est venu en nostre France, comme nostre bon et loyal sujet.

On voit bien que Louis XI arrivait d'Abbeville; certaines négociations dont Commines parle discrètement, et pour cause, avaient eu le même succès à Arras.

Le futur premier président au parlement de Paris n'attendit pas le siège. «Préveant les fortunes à venir», a dit un moine qui le connaissait bien [1], il avait prudemment fermé la porte de sa maison, rue Saint-Géry, et, cinq minutes après, il passait le Rubicon, je veux dire le Crinchon, qui sépare la ville de la cité épiscopale.

C'est ce que Louis XI appelle emphatiquement «habandonner ses biens, tant mœubles que immœubles, et s'en venir en nostre France». A quoi la formule ajoute aussitôt : «Et pour d'autres causes à ce nous mouvans [2].» Voilà la vraie raison, celle qu'on ne dit pas !

M° Jean de la Vacquerie ne tenait guère aux chartes [3] : il visait

---

[1] «Durant le tamps de la dicte trève, le roy estant en ladicte Cité, pluiseurs personnaiges demeurant en Arras, les bourgois et officiers de ladicte ville se absentoient journellement et tiroyent en Cité du party du roy, *préveant les fortunes à venir.*» Dom Gérard Robert, moine de Saint-Vaast, *Journal*, p. 9, publié par l'Académie d'Arras, 1852.

[2] «A Leurens Caignart, escuier, seigneur de Huluch, et maistre Jehan de le Vacrie, licencié es loiz, advocat et conseillier de ceste dicte ville, à chascun d'eulz vingt escuz, pour ung voyaige par eulz fait de la cité lez ceste dicte ville, où ilz s'estoient retrais, en la ville de Hesdin, pour soliciter vers le roy...» — Arch. du Pas-de-Calais, Compte de l'argentier d'Arras, 1476-1477.

[3] Jean de la Vacquerie occupait l'hôtel du Constantin en Saint-Géry, communiquant par derrière avec les dépendances de l'ancienne halle échevinale: c'était la maison de sa femme, veuve de M⁰° Robert de Bernemicourt. Il y avait ajouté, de ses propres deniers, la maison contiguë faisant l'angle. L'une et l'autre furent englobées, au commencement du siècle dernier, dans la reconstruction du palais des États. Mais la cave du «Constantin» est toujours là, sous le tribunal, avec sa double galerie aux voûtes d'arête gothique, retombant sur colonnes monolithes à chapiteaux feuillagés, véritable crypte du xiv° siècle; malheureusement louée, et par suite livrée à toutes les dégradations.

plus haut; aussi s'empressa-t-il de céder sa place à son beau-frère, Enguerran le Gillart, dit Gamot, époux de sa sœur Marie [1].

Cumulant avec la trésorerie une recette à Vimy, décoré à son tour du titre d'écuyer, Enguerran demeura en fonctions pendant près de seize ans que dura l'occupation française. Sa mort précéda de quinze jours la surprise d'Arras par les lansquenets de Maximilien [2].

Le retour de la maison de Bourgogne rendit sa possession d'état à l'ancien titulaire. Dans l'intervalle, M⁰ Thibaut Barradot avait fait du chemin : il était devenu président de la chambre des comptes, trésorier des finances de l'archiduc.

A ces titres il en joignait un autre qui semble aujourd'hui contraster avec sa haute situation, il était concierge de la Cour-le-Comte.

Cet office de conciergerie se maintenait par tradition, bien que déchu de son ancienne splendeur. Dans un palais ducal désaffecté, il ne pouvait plus être qu'une sinécure, en attendant le jour où il deviendrait un emploi servile, ce qui ne tarda guère [3].

Barradot saisit la première occasion qui se présenta pour les résigner l'un et l'autre au profit d'un même cessionnaire.

[1] Jean de la Vacquerie avait fait serment, le 28 juillet, entre les mains du gouverneur; il prêta serment de nouveau le 3 août. — Arch. du Pas-de-Calais, Gouv. B. 787, fol. 3.

Enguerran le Gillart, dit Gamot, «receveur de Vimy». — Arch. comm. d'Arras, Reg. aux Bourg., 13 octobre 1478.

Enguerran le Gillart, dit Gamot, «garde des chartes d'Artois», 7 septembre 1489. — Ibid., Reg. aux Plaids.

«Saint Jean : Dem^lle Marie de le Vacrie, veuve de feu Enguerran le Gillart, en son vivant escuier, et garde des chartes d'Artois a recréanté : plesge Martin de le Gove, escuyer son beau fils. 22 octobre 1493.» — Ibid., Reg. aux Bourg.

Enguerran le Gillart fut mayeur de la confrérie des Ardents en 1486. — Bibl. d'Arras, ms. 328, fol. 132, v°.

[2] Au commencement du xv° siècle, la conciergerie de l'hôtel de Bourgogne à Paris eut pour titulaires de hauts personnages : en 1405, Baugois d'Ailly, chevalier, vidame d'Amiens, chambellan du duc ; en 1424, Guillebert de Lannoy, aussi chevalier et chambellan. — Arch. du Nord, Ch. des C., reg. A, cotés 183, 192, 219.

[3] A la mort de Pierre Caulier, 6 décembre 1526, l'office de la conciergerie d'Arras fut réuni au domaine. Ce Pierre Caulier, frère cadet de Jean, seigneur d'Aigny, le trésorier des chartes, avait acheté, sa vie durant, la table des changes d'Arras, mise en adjudication par le domaine. — Lettres de Bois-le-Duc, 27 mai 1505. Arch. du Nord, Ch. des C. Orig.

Pierre de Vaulx, écuyer, en reçut l'investiture par lettres datées
de 25 septembre 1496. Quatre jours après, il prêtait serment aux
mains de Philippe de Bourgogne, sieur de Bevres, lieutenant et
gouverneur général d'Artois [1].

A quelque temps de là se place une réintégration qui intéresse
l'histoire du dépôt.

L'ancien procureur d'Artois, Jean Mansel, était mort en 1489,
après vingt ans d'une retraite bien méritée par trente-huit ans
d'exercice de cette haute magistrature [2].

Ses héritiers avaient conservé certaines « lettres, registres, titres et enseignements touchant le garde de la justice d'Artois et les
amendes qui y adviennent ».

A l'avènement de Louis XII, l'archiduc se disposant à lui faire
hommage de son comté, la gouvernance d'Arras eut besoin de con-
sulter ces titres et les réclama.

Le détenteur, Jacques Mansel, qui demeurait à Abbeville, refusa
de les rendre. On l'assigna en parlement, il se laissa poursuivre ;
on lui offrit cent sous, il céda [3].

[1] Arch. du Nord, Ch. des C., reg. A, coté 204. 1496-1497.

[2] M° Jean Mansel avait pour frère aîné un autre Jean Mansel, receveur général des aides d'Artois. Tous deux étaient fils de Julien Mansel, argentier d'Hesdin
en 1449, et de Marie Le Fèvre.

L'aîné, croit-on, serait l'auteur de *la Fleur des histoires*, cette chronique dont
on connaît un grand nombre de manuscrits.

Dans l'énumération des livres que Charles-Quint désigna, en 1517, pour l'ac-
compagner dans son voyage en Espagne, figure, sous le même nom d'auteur,
un volume ainsi désigné :

« Ung autre livre, couvert de cuir jaune, à deux cloans de cuir et cincq boutons
de letton, intitulé *Deux passions*, l'une faicte par maistre Jehan Mansel, et l'autre
par maistre Jehan Jarson, commenchant le second feuillet : *Je les fay et vous ne me
volez croire*, et finissant : *En l'aiguillon d'amour divine*. »

C'est évidemment le superbe manuscrit de la Bibliothèque de Bourgogne à
Bruxelles, catalogué sous le n° 9081.

M° Jean Mansel le jeune devint procureur général d'Artois, en remplacement
de m° Quentin le Blond démissionnaire. Ses lettres sont datées de Bruges, le 4 décembre 1432.

Il se démit à son tour en faveur de Jean d'Escouchy, en 1470. Reçu à la bourgeoisie le 22 septembre 1471, son inscription porte qu'il est admis gratis, pour
avoir « exercé ledit office l'espace de xxxix ons, et fait au mieux qu'il a peu à la
ville ».

La date de sa mort flotte entre juillet 1488 et juillet 1489.

[3] « Et pour ce que ledit Jacques Mansel s'efforchoit tenir mondit sg' l'archiduc
en procès, fut regardé, pour y mettre fin et avoir lesdits enseignements, qui pour-

Le procureur général, M° Jean Carbonnel, prit aussitôt livraison
des titres, qui furent, par ses soins « rapportez et remis en la garde
des chartes dudit lieu d'Arras... le vııı° jour de juillet *anno mıı*
dix huit [1] ».

C'est sans doute à cette réintégration que nous devons de posséder
le registre particulier de Jean Mansel, recueil de formules et de
copies d'actes, auxquelles il a joint des notes intéressantes sur son
mariage, son installation à l'hôtel des Balances, son ameublement,
son ménage, son économie domestique, etc. [2]

Le nouveau trésorier possédait le manoir du Pont-Levis ou du
Regnouart : c'était un ancien château fort des Templiers, situé
près de l'église de Saint-Laurent; son père, Jean, l'acheta en 1387
et y réunit divers fiefs importants [3]. Il n'est donc pas invraisemblable que Pierre de Vaulx, puisqu'il était propriétaire dans la ban-
lieue d'Arras, ait exercé personnellement son office.

Cependant nous trouvons deux fois la preuve, qu'à partir de 1499,
il se faisait suppléer par M° Antoine de Marquais.

La première est une copie authentiquée par ce dernier : « Extrait
des chartres de la chambre du trésor d'Artois par moy Anthoine,
sieur de Marquais, commis à la garde d'icelles chartes et chambre

roient servir à mondit sgᵣ à la journée avec les gens du roy, lorsque mondit sgᵣ fist
son hommage, de donner à icelui Mansel quelque porvéance (?), ce qu'il fust fait;
et pour ce faire, lui fust donné cent solz. » — Arch. du Nord, Cb. des C., reg. A,
coté 205. 1498-1499.

[1] « A maistre Jehan Carbonnel, licencié es loix et en décrets, procureur général
d'Artois, la somme de six livres, monnoye-courant en Artois, à lui tauxez et or-
donnez par monsᵣ le gouverneur d'Arras, par le commandement et ordonnance
de mondit sᵣ le gouverneur et des conseillers et officiers de mondit sᵣ audit Arras,
en la ville d'Abbeville, par devers les héritiers de feu maistre Jehan Mansel, en
son temps procureur général d'Artois, affin de veoir et viseter les lettres et registres, tiltres et enseignemens touchant le garde de la justice que mondit sᵣ a en
Artois, et des amendes qui y adviennent, et iceulx avoir rapporté et remys en la
garde des chartres audit lieu d'Arras : pour cinq jours entiers finis le vııı° jour de
juillet anno mıı dix huit — v lb. » — Arch. du Nord, *ibid.*

[2] Arch. du Nord, Ch. des C., coté D, 29. — L'hôtel des Balances, même
rue, n° 11-9, appartenait, d'héritage paternel (1382), à M° Jacques de Fontaines,
chevalier: Jean Mansel l'occupa le 14 février 1436, huit jours après son mariage
avec Nicole Journe, fille de Nicolas, de laquelle il eut Piéronne, mariée à David
le Sot, fils de Jean, ce dernier conseiller pensionnaire de l'échevinage. Il acheta
le 17 mars 1445, de Robert de Baynast, l'ancien hôtel des maires d'Arras, atte-
nant à la vieille Halle (rue des Trois-Faucilles n° 6, la Halle échevinale n° 4).

[3] Bibl. nat., *Colbert-Flandres*, 195.

en l'absence de Pierre de Vaulx, escuyer, le IIIe jour de juin mil IIII^c IIII^{xx} dix-neuf[1]. »

L'autre est la mention d'un payement effectué en 1501 sur la recette d'Arras, pour réparations diverses faites à la chambre des chartes — vitres, verroux, layettes, etc. — à la réquisition de « maistre Anthoine de Markais, commis à la garde des chartes de la ville d'Arras [2] ».

Pierre de Vaulx mourut cette année même, le 4 mai [3].

Les offices de la conciergerie et de la trésorerie furent alors momentanément disjoints, le premier au profit de Philippe de Longueval, tandis que les chartes étaient dévolues à Me Jean Caulier, premier avocat à la gouvernance. Ces offices se rapprocheront de nouveau, lorsque Pierre Caulier, frère de Jean, deviendra à son tour titulaire de la conciergerie, où il ne doit pas avoir de successeur [4].

Les Caulier provenaient d'une notable famille bourgeoise; les ancêtres étaient marchands de vins. Parvenu à l'échevinage au commencement du xve siècle, ils furent longtemps argentiers de la commune [5]. Pierre Caulier, leur père, occupait le siège de procureur général d'Arras à l'arrivée de Louis XI sous les murs de cette ville [6].

Comme Jean de la Vacquerie, son collègue auprès de l'échevinage et son voisin [7], lui non plus n'attendit pas l'ouverture du siège : il eut soin de déguerpir à temps, et ne rentra en ville qu'à la suite des archers du roi [8].

Louis XI s'empressa d'en faire son procureur général d'Artois [9]. Il succédait à ce malheureux Oudart de Bussy, dont la tête san-

(1) Arch. du Nord, Ch. des C., *Reg. aux chartes*, 1498-1506, fol. 60.

(2) *Ibid.*, reg. A, coté 208, 57 r°. 1501-1502.

(3) Arch. du Nord, Ch. des C., reg. B, coté 120.

(4) Arch. comm. d'Arras, *Reg. aux embrev.*, 1399-1402, fol. 283, r°.

(5) *Ibid.*, *Reg. au renouvellement de la Loi*, I. — *Reg. mém.*, V. A, 32 v°, 47 r°. — *Id.*, VIII, 99 v°. — *Reg. aux embrev.*, 2 octobre et 31 décembre 1433. — *Inv. somm. du Nord*, Quittance du 24 mars 1440, n° 1525.

(6) Arch. comm. d'Arras, *Reg. mém.*, t. IX, fol. 122 r°.

(7) Caulier habitait l'hôtel des *Pappegais*, acheté par lui et Pasque de Vichéry, sa femme, en 1467, de Jean Walois (rue des Trois-Faucilles, n° 18).

(8) Le 22 avril 1477, troisième jour du siège, les échevins nommèrent un nouveau procureur, en « l'absence » de Pierre Caulier. — Arch. comm. d'Arras, *Reg. mém.*, t. IX, fol. 122 r°.

(9) Le 27 juillet 1477. *Ibid.*, fol. 127 r°. Cf. 20 mai 1478, fol. 132 v°.

glante, outrageusement coiffée du chaperon fourré d'hermine des présidents en parlement « présidait », dit le roi, au bout d'une perche sur le grand marché d'Hesdin [1].

Tout le bénéfice de la faveur royale rejaillit sur M° Jean Caulier, fils de Pierre; il prit, par substitution, la charge de son père, et c'est lui qu'on trouve en exercice à la rentrée des Bourguignons [2].

Destitué tout d'abord, son avancement n'eut pas longtemps à souffrir de la crise politique. Il rentrait au bout d'un an à la gouvernance, comme avocat fiscal [3], et, à partir de ce jour, on voit le seigneur d'Agny parcourir une carrière des plus brillantes : garde des chartes, maître des requêtes de l'hôtel du roi, chef du conseil privé de l'empereur, président du conseil d'Artois.

Il serait ici hors de propos de le suivre dans ces diverses situations et de faire ressortir l'importance de ses missions administratives ou diplomatiques. Il semble cependant permis de rattacher à son office de trésorier celle qui lui fut confiée en 1507, en même temps qu'au gouverneur d'Arras Robert de Melun [4].

Elle consistait à recueillir et rédiger les coutumes locales du comté d'Artois : c'était la première fois [5] qu'on procédait à cette codification, reprise ultérieurement par Charles-Quint [6], et complétée sous la domination française [7].

[1] Cette « natretté » macabre, comme dit Brantôme, est tirée d'une lettre à Bressuire, transcrite dans les *Vies des gr. cap. françois*, Ed. Lalanne, t. II, p. 236. La date « A Verdrin ce 26° jour d'avril 1477 », et dans Lecesne, I, 423. « A Verdun » (!) est une erreur évidente pour « Averdoin ». — Cf. p. 19 (p. 441 du *Bulletin*), n° 5.

[2] Plouvain, *Notice hist. sur les conseillers d'Artois*, Douai, 1824, commet une double erreur lorsqu'il dit : « Pierre Caulier fut procureur d'Artois du temps de Louis XI en 1501 ». Il aura mal interprété cette épitaphe : « Cy dessoubz gist noble homme Pierre Caulier, *en son temps* procureur général d'Artois, qui trespassa le xvi° jour de may xv° et II ». — Bibl. d'Arras, ms. 328, fol. 135, r°.

[3] Par résignation de Jean Doublet en 1494. — Arch. du Nord, Ch. des C., reg. A, coté 203. 1494-1495.

[4] *Ibid.*, reg. A, coté 209. 1507-1508.

[5] Voir sur les coutumes d'Artois et Vermandois, trois lettres de la comtesse Mahaut des 12 juillet, 16 octobre et 16 décembre 1315. La dernière n'est pas relevée à l'*Inv. somm.* D'après mes notes elle doit cependant se trouver avec les autres. Les Archives comm. en possèdent une copie sur papier, reliée dans un recueil imprimé.

[6] En 1540 et 1544. Voir, pour Arras, Arch. comm., *Reg. mém.*, t. XIII, fol. 303 17 juin 1541, et fol. 323 r°.

[7] En 1741.

En dehors des démarches et des recherches nécessitées par une semblable compilation juridique, les archives ont conservé la trace des voyages de Jean Caulier à Lille, à Arras, à Cambrai, soit pour y transcrire, sur l'ordre de Marguerite d'Autriche, des titres relatifs au duché de Bourgogne, soit pour fournir à ses procureurs les pièces nécessaires à leurs procédures [1].

Mais l'œuvre capitale de son passage à la trésorerie d'Arras, c'est la part qu'il prit, avec l'abbé Jean de Feuchy et l'avocat Robert de Faucompré, à la rédaction de l'inventaire analytique des chartes d'Artois, le premier et le seul qui en ait été dressé avant le travail interrompu du dernier des Denis-Godefroy.

Par ses lettres de Bruxelles, 27 novembre 1526, l'empereur demandait « un répertoire de tous et quelconques les titres, chartres, lettres et registres, comptes, informations, raports, dénombremens et autres enseignemens qui sont à présent en ladite trésorie d'Artois oudit Arras [2] ».

De ce vaste programme, la première partie, telle que nous la

[1] Lettres de Marguerite à Jean Caulier, de Malines, 27 avril 1512. — *Ibid.*, Quittances de Jean Caulier du 25 août 1516 et du 16 avril 1517. — Arch. du Nord, Ch. des Comptes.

[2] Ces lettres se trouvent *in extenso* dans le premier volume de l'*Inventaire sommaire*, publié par M. J.-M. Richard, Introduction, p. 11.

La phrase suivante laisserait supposer que les commissaires devaient délivrer les chartes à un tiers qu'on ne nomme pas :

« Et ledit nouveau répertoire, par vous fait et parfait, etc., il appartient *alors* qu'il soit *traité* et délivré et délaissé par vous abbé du Mont-Saint-Éloy, et *vous*, seigneur d'Aigny, en prenant lettres de récépissé en tel cas requiz, et emportiez et envoyez le double en notre Chambre des comptes à Lille... »

Ce texte, dont M. Richard n'indique pas la provenance, contient de grosses inexactitudes; il doit être ainsi rétabli :

« Et ledit nouveau répertoire par vous faict et parfaict, comme il appartient *voullons* qu'il soit *baillé*, délivré et délaissé par vous, abbé du Mont-St-Éloy, à *vous*, seigneur d'Aigny, en prenant lettres de récépissé en tel cas requis, et si emportez et envoyez le double en nostre Chambre des comptes à Lille... »

On voit que l'abbé du Mont Saint-Éloi avait charge de prendre de Caulier récépissé des chartes, d'après le nouveau répertoire laissé entre ses mains, et que le double devait être envoyé par lui à la Chambre des comptes.

Le dispositif de cette lettre n'est d'ailleurs que la reproduction littérale, *mutatis mutandis*, de celui de la commission par laquelle Philippe le Beau chargea Me Jean Ruffault et autres, le 17 septembre 1606, de dresser un nouveau répertoire des chartes de la Trésorerie de Lille. Les Archives du Nord l'ont conservé, avec la copie de cette commission transcrite en tête du volume.

possédons, dut être achevée avant 1529, car nous trouvons, à cette date, mention d'une commande faite par Caulier de treize layettes supplémentaires « pour servir à mettre les lettres estans en ladicte chambre des chartres, après avoir viseté et fait inventoire d'icelles oudit an xxviii [1] ».

Quant à la seconde partie de leur tâche, on ne voit pas que les commissaires l'aient abordée. Mais en supposant, d'après toutes les vraisemblances, qu'ils eussent l'intention de compléter ce travail par un inventaire des registres, comptes, dénombrements, rapports, informations et autres enseignements, leur projet allait être mis à à néant par la mort de Caulier, survenue le 13 janvier 1531 ; il avait alors soixante-quinze ans.

Son dernier acte de conservateur avait été de faire placer « ung fort huys de fortes aiselles à l'huissure de la chambre des chartes, pour l'enclore et mettre en seureté, pour ce que cellui qui y estoit n'estoit de valeur suffisante [2] ».

Cette précaution, cependant, ne rassurait pas encore le procureur d'Artois Renault Grignard ; car, en attendant l'arrivée du successeur, ce magistrat crut nécessaire de « faire mectre une barre de fer à l'huis de la chambre des dictes chartres estans en ladicte Court le Comte, pour la fermer, affin que nul ne peust entrer sans ordonnance de l'empereur ou de ses officiers, à cause que sa vesve n'avoit rendu les clefz de ladite chambre [3] ».

C'est qu'en effet Jean Ruffault, seigneur de Neuville en Ferain, trésorier général des finances, bien que sa commission eût été expédiée de Bruxelles le 28 février, ne montrait aucun empressement à venir prendre possession du dépôt [4].

---

[1] Bien des documents existaient alors qui ont disparu depuis, par exemple ce gros livre en parchemin, de quatre-vingt-quinze feuillets, intitulé : *En chest papier sont contenues les acquestes des personnes non nobles, en fiés, en arrière fiés et aloes en la conté d'Artois, faites puis XVLIII ans en encha.* — « En l'an mil deux cens quatre vintz et quatorze, ou mois de juing… »

Il n'en reste qu'un extrait, collationné par J. Caulier « conseillier et maître des requestes ordinaire de l'hostel du Roy catholique et trésorier et garde de ses chartres d'Arthois, le xvii° jour de mars l'an mil v° et seze » (1517). — Arch. du Nord, Ch. des C. Cartons.

[2] *Ibid.*, reg. A, coté 220.

[3] *Ibid.*, reg. A, coté 221.

[4] *Ibid.*, Ch. des C., Lettres de commission. Orig.

Il s'y décida enfin le 20 juillet. Voici la lettre qu'il adressa « à Mess¹ˢ des comptes, à Lille » :

Messieurs,

Je me recommande à vous. Il a plu à l'empereur de me donner et accorder l'estat de la trésorie des chartres d'Arthois, ainsi que vous verrez par la copie de ma commission, que vous envoye avec cestes. Et pour ce que il ne m'est possible de en personne aller sur le lieu pour recevoir lesdites chartres par inventoire, à quoy par madicte commission estes commis à les moy baillier, j'ay subrogié en mon lieu le président d'Arthois pour recevoir lesdictes chartres avec le Répertoire y servant, et en baillier recepisse et en avoir la garde. Si vous prie, Messieurs, qu'il vous plaise ordonner aucun de la chambre pour faire le devoir de ce que dessus, et vous me ferez honneur et plaisir. Et sur ce, Messieurs, je prie à Nostre Seigneur vous avoir en sa garde.

Escrit à Bruxelles, le xxᵉ jour de juillet xvᵉ xxxi.

Le tout vostre,

J. Ruffault [1].

Nous ne possédons aucun renseignement sur l'exercice de la garde des chartes à laquelle était commis par cette lettre Mᵉ Guillaume Hangouart alors président du Conseil d'Artois, en remplacement de Jean Caulier [2].

A l'expiration de sa deuxième année de titulariat [3], Jean Ruffault cédait la place à son gendre, Guillaume Le Blanc, sieur de Houchin, maître en la chambre des comptes à Lille, récemment honoré de lettres de chevalerie [4].

Gendre et beau-père étaient qualifiés pour l'exercice de l'emploi;

---

[1] Arch. du Nord, Ch. des C., portefeuille *Artois*, 72. Orig. avec cachet, portant cette annotation : *Recepta le xxviᵉ de juillet xvᵉ xxxi*. Jean Ruffault, parvenu par son mérite à cette haute situation, avait débuté comme petit clerc à la chambre des comptes. Il eut dix enfants, dont : 1° Philippine, mariée à Lille, le 20 juillet 1515, à Guillaume Le Blanc, trésorier des chartres après son beau-père; 2° Jérome Ruffault, qui fut moine, puis abbé de Saint-Vaast d'Arras, 1537-1563.
Voir, sur cette famille, l'excellent travail de M. Henri Fremault, *Histoire généal. de la famille Ruffault*, Douai, 1887, in-8°, p. 1-167.

[2] Au logis du président Hangouart était déposé «le coffre de fer appartenant à l'empereur» ou se trouvaient les titres de la chambre d'Artois. — Godin, *Inv. somm.*, série B, p. 116.

[3] Le 16 janvier 1534. — Arch. du Nord, Ch. des C., registre B, coté 124.

[4] Bruxelles, 20 décembre 1531. — *Ibid.* Orig.

ils en avaient fait tous deux l'apprentissage comme clercs des comptes. C'est à ce titre qu'on voit Guillaume Le Blanc adjoint à Mᵉ Jean Caulier dans la commission préposée, en 1515, à l'inventaire et délivrance des chartes de Lille et Rupelmonde aux mains du nouveau trésorier de Flandre, Guillaume de Waele [1].

Sous les trésoriers précédents, Jean Boele et Philippe Haneton (1501-1514), la garde effective du dépôt de Lille était confiée à Jean Ruffault, leur « commis ». On sait qu'il fut chargé, en 1506, de dresser un nouveau répertoire, travail par lui terminé six ans plus tard avec le concours de Charles de Boulogne et Jean Le Blanc, lequel avait pour clerc Guillaume, son fils.

Les Archives du Nord ont conservé leur œuvre : c'est un inventaire analytique par layettes, comme celui de Caulier; il porte exclusivement sur les chartes; ici, pas plus que là, n'ont été repris les « registres, comptes, informations et autres enseignements », bien que formellement spécifiés dans l'une et l'autre commission [2].

Celle qui institua Guillaume Le Blanc prescrivait, selon l'usage, de faire « bailler audict Le Blanc, lesdites chartres par inventoire par l'un de ceste chambre et en prendre de luy lettres de récépissé, etc. [3] ».

Les formalités d'ensaisinement ne devaient pas être remplies de sitôt; une note constate, à dix-huit mois de là, que, « obstant les affaires de la chambre on y a peu besoigné [4] ».

Ces atermoiements s'expliquent, quand on lit certain rapport récemment adressé à l'empereur par les gens des comptes sur un ensemble d'économies à réaliser dans les divers services de l'administration. « Le trésor d'Artois, disaient-ils, prend par an L liv.

[1] J. de Saint-Genois, *Invent. anal. des ch. de Rupelmonde.* Notice, p. 33. Voir en outre, sur les trésoriers de Flandre, Dʳ Le Glay, *Mém. de la Soc. des sciences de Lille,* Notice, p. 564, ann. 1834 (1835). Le même, *Bull. de la Comm. hist. du Nord.* Nouveaux mémoires, t. V, p. 245 (1857), t. VI, p. 30 (1862). — Gachard, *Invent. gén. des Arch. de Belgique,* Bruxelles 1837, t. I.

[2] « Mᵉ Jehan Ruffault, qui, ou lieu et absence tant de feu Mᵉ Jehan Bolle, comme dudict exposant (Mᵉ Philippe Haneton), avez eu et avez charge d'icelles chartres oudict lieu de Lille... Illecq ouverture faicte d'icelle trésorie par ledict exposant ou vous, Ruffault, son commis... » Lettres de Philippe le Beau, de Bréda, 17 septembre 1506, transcrites en tête du répertoire reposant aux Archives du Nord et d'un duplicata, du temps, compris dans la collection *Colbert-Flandres,* n° 93, à la Bibl. nat.

[3] Arch. du Nord, *ibid.* Il prêta serment le 1ᵉʳ janvier 1533.

[4] *Ibid.*

tournois; on le pourroit bien abolir et mettre les lettraiges avec les chartres de Lille [1]. »

Il est de fait qu'une porte aussi rarement ouverte, scellée de barreaux de fer des six mois durant, semblait pouvoir, sans grand inconvénient, s'épargner le luxe d'un gardien spécial.

La question s'était posée dès le temps de Philippe le Bon, ainsi qu'on l'a vu plus haut; elle revenait de nouveau sur le tapis, sans doute avec les mêmes chances d'insuccès, lorsqu'elle faillit recevoir extra-administrativement une solution aussi radicale qu'inattendue.

Depuis la surprise d'Arras, le palais ducal était devenu un véritable hôtel garni. On y avait logé d'abord les chefs de la conspiration, le boulanger Grisart, improvisé maire d'Arras [2], avec son gendre Martin d'Allongeville, et Jean de Saint-Pol, un de ses affidés [3].

Plus tard, la gouvernance et presque aussitôt le conseil d'Artois en ayant fait leur siège, leurs suppôts, clers et laïques, valets et sergents s'y installèrent.

La conciergerie, de son côté, faisait argent de tout : un réduit était loué à de pauvres femmes; on tenait une école de petits enfants dans une ancienne cuisine; il y avait des magasins de blé, de guède, de bois de chauffage.

En novembre 1537, le feu se déclara chez Tristran de Crecquais, sergent de la gouvernance. Son logis était contigu à la chapelle, et conséquemment au dépôt des chartes; il comprenait plusieurs

[1] Arch. du Nord, portefeuille Artois, 72. Mémoire adressé à l'empereur en 1531, touchant la diminution des charges, fol. 35.

[2] Jean le Maire dit Grisart occupait «le principal corps de logis regardant sur la place Saint-Vaast d'un lez, et y entre on par ladicte grant salle, et d'aultre costé regardant sur les gardins de Saint-Vaast, auquel corps de logis y a trois chambres de rouste, une chambre haulte et deux petits greniers; et de coste, deux ou trois petites chambres et gardes robes ou cuisines assez caducques, dont ledict feu Jehan le Maire, dit Grisart, maieur d'Arras, comme dessus a possessé, et y a demouré jusques a environ trois ou quatre ans qu'il s'estoit remarié; et après luy en a joy soubz luy Martin d'Alongeville dessus nommé, son beau filz, jusques au trespas d'icelluy Grisart.» — Arch. du Nord, Ch. des C., registre A, coté 218 et suivants. 1597-1598. Grisart mourut dans l'hiver de 1525-26.

[3] Martin d'Allongeville, archer de corps du duc de Bourgogne, maréchal des logis de la ville d'Arras, avait son logement dans l'autre aile, au quartier des prisons, près de Jean de Saint-Pol. Ce dernier mourut le 25 octobre 1544; il avait demeuré quarante et un ans à la Cour-le-Comte. Le châtelain d'Arras prit sa place. — Ibid., A, coté 267. — Arch. comm. d'Arras, Reg. mém., t. XII, 192 r°.

chambres hautes, ainsi qu'une partie de la grande galerie, et des dépendances pour ses provisions de bois et de fourrages [1].

L'incendie envahit tout le bâtiment et gagna l'oratoire : on appelait ainsi une « petite chambrette auprès de la chappelle [2] » jadis réservée aux souverains.

La trésorerie était menacée ; heureusement on put y pénétrer à temps en enfonçant un plancher. On força les armoires, on enleva les coffres, et, sous la direction de M° Pierre Asset, conseiller au conseil d'Artois, on les transporta à son hôtel : c'était l'asile à la fois le plus sûr et le plus voisin [3].

Les chartes étaient préservées. Les maçons et les couvreurs parvinrent d'ailleurs à couper le feu, et, n'eût été la dévastation du petit oratoire de Philippe le Bon et de la chapelle, la ruine de ces vieilles bâtisses n'aurait laissé que peu de regrets [4].

[1] Arch. du Nord, *ibid.*, reg. A, coté 225.

[2] Arch. du Nord, Ch. des C., reg. A, coté 220.

[3] Il habitait, derrière le chœur de la Madeleine, un hôtel porté par sa nièce dans la maison de Bonnières-Souastre, dont il prit le nom, aujourd'hui le cercle des officiers.

Philippe le Bon l'avait fait acheter par une de ses maîtresses, Colle la Châtelaine, dite du Bosquel, mère de David, évêque d'Utrecht, et de Marie, légitimée de Bourgogne, tige de la maison de Beauffremont.

[4] Le duc l'avait fait rebâtir et décorer en 1459, comme on le voit par les extraits qui suivent :

« A Jean Brunel, maistre carpentier, pour avoir mis jus, de fond en comble, l'oratoire de Monseigneur de la Court le Comte, la quelle estoit trop petite et à trop petite veue, ou lieu de la quelle on avoit fait une tour neufve de xx piez de largue, de xxviii piez de long, de x piez postel entre les pennes et les sommiers, et de xi piez de bos coppé à deux montans et i crepon de feste et à sourfeste, de viii à ix paux chascun postel, et les pennes de vii à viii paulx, icelle postellée de posteaulx de quenne etc. » — Arch. du Nord, Ch. des C., reg. A, coté 193.

Le nouvel oratoire communiquait par un escalier avec la chambre de la duchesse, par un corridor avec celle du duc. Il était éclairé par une grande fenêtre « beau voisiniere ». On y voyait des vitraux représentant le crucifix et sainte Elisabeth, et deux verrières « en l'une desquelles est figuré ou vif Mons° le duc de Bourg°, armoyé de trois escuchons de ses armes, de Bourg°, Flandres et Artois, et en l'autre verrière est figurée Madame la duchesse et trois escuchons armoyez de ses armes des contés de Bourg°° et de Namur, contenans chascune verrière xi piez. » Il y avait encore « une autre verrière derrière l'ostel de la dite oratoire ou est figurée Nostre-Dame, contenans x piez ». *Ibid.*

L'oratoire fut détruit, la chapelle tellement endommagée qu'on dut reconstruire une des murailles, et l'on peut juger de l'étendue du sinistre par ce fait que quatre cent quarante et un tombereau x de décombres furent voiturés sur les remparts. *Ibid.*, Reg. A, coté 225.

En de telles conjonctures, on a lieu d'être surpris de ne voir paraître nulle part Guillaume Le Blanc, ou tout au moins son commis substitut préposé à la garde du dépôt.

Était-ce toujours le président Hangouart? Était-ce le conseiller Asset, dont une nouvelle intervention semble accentuer le caractère officiel[1]? Les documents nous laissent, à cet égard, dans une complète incertitude, et leur silence se prolongera jusqu'à la prochaine mutation.

Elle se produisit en 1546 par la résignation de M° Guillaume Le Blanc, sieur de Houchin[2], au profit de M° Denis de Bersacques, avocat, échevin d'Arras[3].

[1] «A maistre Pierre Asset, conseillier audict Conseil d'Artois, a esté payé la somme de xxx s. qu'il avoit desboursé à Pierre Gauwain, fèvre, pour avoir faict plusieurs ferrures et fermettés tant audict lieu des chartres que pour les coffres desdictes chartres.»

Les travaux de réparations entrepris après l'incendie nous renseignent sur les dimensions du dépôt, sa disposition, son ameublement :

«A Philippes Piéron, féronnier, pour quatre ancres de xxvii à xxviii piedz de long chascune, traversant en croix audict lieu des chartres pour tenir ferme les murailles affin que les vaulsures ne se démentissent poinct...

«A Mathieu Carbonnier, machon, pour avoir faict deux nouvelles arcqures à deux frenestres croigiez; pour avoir deschiré et rompu la muraille dudict lieu des chartres allentour pour asseoir les fourmerés pour vaulser ledict lieu des chartres, lequel n'estoit vaulsé, pour plus grand sceuretté desdictes chartrez...

«A Robert Vincent, huchier, pour avoir remis à poinct les grandes vièzes armoires à pappiers estans audict lieu...

«A luy pour nœuf piedz de lambourde emploiez à refaire les barres aux vielz coffres...

A luy pour avoir faict xxxii piedz d'amoires de hucherie qui portent pied et demy de large et quattre piedz de hault, assizes tout à l'entour de la muraille, à quattre piedz et demy de hault... pour y mectre lettres et pappiers, xxvii, lb. xv s.» Arch. du Nord, Ch. des C., reg. A, coté 225.

[2] Sa dernière quittance est datée du 6 février 1545 v. st. Ibid., Orig.

Avec la garde des chartes d'Artois, il cumulait depuis environ dix ans celle des chartes de Lille; il était en outre maître extraordinaire de la chambre des comptes. En raison de son grand âge, l'empereur le mit à la retraite par lettres de Turnhout 4 juillet 1550. — Ibid., Orig.

[3] «Le xxi° jour d'apvril xv° xlv avant Pasques, Méss" en nombre assemblés en leur chambre de conseil ont faict remoustrer par la bouche de M° Charles du Mont St Eloy, leur conseillier, à maistre Denys de Bersacles, eschevin régnant, comme mesdicts s" avoyent entendu que ledict de Bersacles estoit depuis naguerres pourveu de par l'Empereur de l'estat et office de thrésorier et garde des chartres d'Artois, et en avoit presté le serment pardevant Mess" de la chambre des comptes

Sa nomination souleva des protestations au sein du corps échevinal. Au nom de ses collègues, le conseiller pensionnaire lui remontra, en séance, que le mandat communal était incompatible avec un office tenu de l'empereur, et lui fit clairement comprendre qu'il devait opter.

Cependant, comme il était neveu d'Oudart de Bersacques, grand aumônier de Charles-Quint, l'affaire s'arrangea; sur sa requête et par grâce, on voulut bien l'autoriser à finir son année.

La Chambre des comptes, chargée de délivrer les chartes au nouveau cessionnaire ou à « son commis par lui », délégua pour les formalités de l'installation Me Pierre Grenet, sieur du Fermont, avocat fiscal au Conseil, et Jean Morel, procureur général d'Artois.

Elle leur écrivit le 19 mars :

Nous vous commettons et subroghuons en nostre lieu pour, le plus tost que vos affaires le poiront porter, par ensemble entendre et vaquer à la délivrance de toutes les chartres et enseignemens estant en la dicte trésorie d'Arthois es mains dudict Me Denis de Bersacques, par juste et loyal inventoire, selon celuy qui est reposant audict thrésor, *et le ampliant,* se mestier est; dont en seront faicts deux sans plus, lesquelz aprez vostre besongne signerez [1], et ferez aprez mettre le récépissé dudict Me Denis, dont l'un

à Lille, et que, par le moyen de l'acceptation dudict estat et sieuvant les privillèges et usaiges de ladicte ville, ne pooit demeurer en l'estat eschevinal de ladicte ville, luy requérant et sommant pour ceste cause qu'il eust à soy en déporter, ou autrement renonchier et quitter ledit estat et office de thrésorier desdictes chartres. —— A quoy par ledict de Bersacles fust remoustré à mesdicts sᵣˢ que vray estoit qu'il avoit esté pourveu dudict estat de thrésorier de ses chartres d'Arthois et que par ce moyen ne pooit exercer et retenir ledict estat eschevinal, n'estoit par grâce et octroy espécial de mesdicts sᵣˢ, leur requérant à ceste cause, attendu que ledict estat de garde desdictes chartres n'est estat de judicature, aussy qu'il a faict le serment à la Toussaincts dernier de exercer et déservir ledict estat eschevinal pour ung an, qu'il leur pleust le laisser continuer ledict an, sans que ladicte grâce et octroy puist aulcunement tourner à préjudice et conséquence contre les droix, privillèges et usaiges de ladicte ville.....

Sur lesquelles requestes et remonstrances mesdicts sᵣˢ... auroyent faict déclarer audict de Bersacles... qu'ils consentoyent que par leur grâce et octroy espécial ledict Bersacles peust parcontinuer audict estat eschevinal le parfaict de ladicte année.....

«Ce faict, a exibé ledict de Bersacles à mesdicts sᵣˢ lettres patentes de l'octroy dudict estat, et icelles veues luy ont esté rendues.» — Arch. comm. d'Arras, *Reg. mém.* XIV; 18 rº.

[1] Le Dʳ Le Glay traduit, contrairement au texte, «qui seront signés par le nouveau garde». V. J.-M. Richard, *Invent. Somm.* I, Introd. p. III.

3

sera par vous renvoyé en ceste chambre et l'aultre délaissé en ladicte trésorie. Et quant à vostre salaire [1], vostre dicte besongne achevée, en ferons
comme il appartiendra.

Conformément aux dictes lettres, dit l'ouverture du procès-verbal, nous
nous sommes transportés en la chambre des chartres d'Arthois, située dessus la porte de la Court le Conte, et illecq avons vaquez par plusieurs
journées à délivrer tous quelconques lettres, papiers, chartres, registres,
comptes, informations, rapports, dénombremens et aultres tiltres et enseignemens y reposans, et yceulx mis es mains dudict de Bersacques, thrésorier, selon l'inventoire que par cy devant a esté faicte par deffunct Jean,
abbé du Mont-St-Eloy et de Hénin-Liétart, et messire Jehan Caulier, chevalier, sieur d'Aigny, lors président du conseil privé de l'empereur et
garde et thésorier des dictes chartres, avec aultres papiers, lettres, tiltres
et enseignemens contenus en *l'ampliation faicte et adjoustée audict inventoire*,
et le tout selon aultre et nouvel inventoire par nous faict et dont de tout
la déclaration s'ensuyt.

Viennent ensuite, d'après le répertoire de 1526, les analyses des
chartes réparties sous quarante-cinq rubriques, selon les layettes.
Toutefois, l'ordre suivi n'est pas identique; on y remarque aussi
diverses modifications dans le classement, d'où résultent des diffé-
rences dans les totaux partiels des pièces cotées.

Mais à part ces points de détail, ce qui distingue essentiellement
le nouvel inventaire de l'autre, c'est qu'il nous donne pour la première fois le relevé des registres aux comptes du domaine et celui
des rapports et dénombrements d'Artois.

Cette importante annexe a jusqu'ici passé inaperçue et mérite
d'être signalée. Elle a pour titre : « Ampliation, oultre le premier
inventaire, de plusieurs comptes, dénombremens et autres pièces
mises par ordre selon leurs aumoires estans en la chambre desdictes
chartres et nouvellement faictes [2]. »

L'« ampliation », autrement dit le complément d'inventaire, comprend douze armoires, dont sept pour les comptes des receveurs et
une pour les dénombrements d'Artois [3].

Le contenu de ces dernières occupe aujourd'hui plusieurs tra-

[1] Voir plus loin p. 35, note 3 (note 1, p. 457 du *Bulletin*).

[2] Bibl. d'Arras, ms. 310 f° cccxlv, v°.

[3] Une autre armoire contenait quarante-sept comptes de la ville d'Arras, dont
quarante-trois pour le xv° siècle, à partir de 1405-1406. De ces quarante-trois,
on en retrouve aujourd'hui une douzaine, que se partagent Arras, Paris, Bruxelles
et Londres; le reste est perdu.

vées de la Chambre des comptes aux Archives du Nord. Nous parlerons plus loin du transfert.

Après avoir mentionné les chartes manquantes, dix seulement, les commissaires ajoutent : « Sy n'ont esté comprins en ceste inventoire plusieurs comptes et papiers viez, pourris et gastez, contenans les dépenses de plusieurs contes et contesses d'Arthois, ny pareillement plusieurs rolleaux en parchemin de plusieurs comptes et estatz avecq les acquits, et plusieurs aultres papiers et lettres estant en ladicte chambre, qui ne semblent servir ny estre d'importance. »

Ces précieux rouleaux ainsi laissés de côté, avec leurs milliers de pièces comptables, constituent actuellement une des principales richesses des Archives du Pas-de-Calais. Inventoriés, ils auraient suivi les registres à la Chambre des comptes de Lille; Arras en doit la possession à ce qu'ils furent alors considérés comme un résidu négligeable et sans valeur [1].

L'inventaire fut clos le 18 janvier 1547 [2], signé des deux commissaires, et revêtu par le trésorier d'un récépissé en forme des chartes et des clefs.

L'opération terminée, le trésorier se mit en devoir de délivrer à la Chambre des comptes l'exemplaire qu'elle s'était attribué. Il le porta lui-même à Lille et reçut, pour ce travail, une allocation de vingt carolus imputés sur la recette des exploits du conseil d'Artois [3].

---

[1] Trente-quatre rouleaux de comptes furent malheureusement compris dans ce déménagement, dont huit du xiiie siècle, tous les autres de la première moitié du xive. On se demande ce qu'ils sont devenus. Les autres, au nombre d'environ quinze cent quatre-vingts, ont été très soigneusement analysés par M. Richard.

[2] La date 1548, donnée, d'après Godefroy, par Le Glay, Dinaux et Richard, est inexacte.

[3] « A esté paié à maistre Pierre Grenet, advocat fiscal, et Jehan Morel, procureur général d'Arthois, à chascun vingt carolus, et à maistre Denis de Bersacles, trésorier des chartes d'Arthois, vingt sept carolus quatre solz, quy leur a esté taxé par Messrs des comptes à Lille, comme appert par leur ordonnance du dix huitiesme de febvrier quinze cens quarante six, asscavoir audict advocat et procureur pour avoir vaghuié à faire ung nouvel inventoire des chartes d'Arthois, et audict de Bersacles pour avoir escript et mis en forme deue ledict nouvel inventoire contenant au serre quattre cens fœullets, vingt carolus; et pour voiage faict par ledict trésorier à la chambre des comptes pour porter ledict inventoire, sept carolus quattre solz; portant icy en despence, en vertu de ladicte ordonnance et quittance des dessusdicts — lvii lb. iv s. » — Arch. du Nord, Ch. des C., reg. A coté 455. *Compte des exploits du Conseil d'Artois, du 1er juillet 1546 au dernier juin 1547.*

3.

C'était un volume de quatre cents feuillets; il a disparu, ainsi que le duplicata qui devait rester déposé à la trésorerie.

La bibliothèque d'Arras en possède quatre copies plus ou moins complètes; une seule, écrite au XVII° siècle, contient l'« ampliation ». Elle est cataloguée sous le n° 310 (ancien 949) [1].

Il s'en trouve deux autres à la Bibliothèque nationale, la première faite pour Colbert par les soins de Godefroy en 1670-1671, la seconde au siècle suivant, pour l'avocat Maillart, le commentateur de la coutume d'Artois; elle porte son ex-libris armorié, daté de 1741 [2].

Denis de Bersacques est l'auteur d'une chronique latine des comtes d'Artois, que l'on a quelquefois attribuée par erreur à Ferdinand de Cardevacque.

Ce manuscrit, dont il existe de nombreux exemplaires, est encore inédit; il a d'ailleurs été consciencieusement dépouillé par Ferry de Locre dans son *Chronicon Belgicum* [3].

Il mourut en 1555 [4].

[1] Le n° 310 (ancien 949) manuscrit du XVII°, et non du XVI° siècle, est la copie d'une autre copie perdue, celle-ci collationnée sur le répertoire original et authentiquée par le greffier du conseil d'Artois Hapiot le 21 mars 1569, v. st. Voir plus loin p. 47, note 3 (note 1, p. 464 du *Bulletin*).

Le n° 353 (ancien 661), du XVI° siècle ne contient, sous chaque rubrique, qu'un petit nombre d'analyses choisies; ainsi vingt et une cotes pour l'Artois, au lieu des cent quarante et une du manuscrit précédent et des cent soixante-dix du répertoire de Lille, et ainsi de suite.

Le n° 640 (anc. 193), copié au XVII° siècle sur le répertoire original du conseil d'Artois pour l'abbaye de Saint Vaast, a été muni d'une double table et annoté par D. Le Pez, dont il porte au dos le nom latinisé : Pezzii.

Le n° 654 (anc. 558), XVII° siècle, forme deux volumes, le premier comprenant le répertoire des chartes d'Artois, le second, celui des chartes de la ville d'Arras.

[2] Bibl. nat., Moreau 395.

[3] La bibliothèque d'Arras, ms. 874, f° 216, en possède un exemplaire original, peut-être autographe. Il porte au dos : «Pour M° Denis de Bersaques, aux Carmes, logis du grand aulmosnier de l'Empereur.» L'œuvre de F. de Cardevacque est vraisemblablement cette sorte de traduction française qu'on trouve jointe à la chronique latine dans plusieurs recueils, d'où la confusion. Voir les catalogues des manuscrits de Douai et de Boulogne-sur-Mer, et le recueil de chroniques conservé aux Archives du Pas-de-Calais, in-f° 672 pages.

[4] Dufaitelle, *op. cit.*, p. 157, reproche avec raison à Paquot de confondre le trésorier d'Artois avec son homonyme, sieur de Monnecove, lieutenant général de la gouvernance de Saint-Omer, 1515-1533. Mais il se trompe lui-même en le faisant fils de ce dernier, il n'était que son neveu; il eut pour père Jacques de Ber-

Philibert de Bruxelles, « conseiller du Roy en ses consaulx d'estat et privé », fut nommé après lui trésorier et garde des chartes d'Artois par lettres patentes du 30 avril. Il prêta serment le 24 octobre « ès mains de messire Viglius Wychem, chevalier, chiefz et président du privé conseil du Roy [1] ».

Par autres lettres du 2 avril suivant 1556, ordre était donné de « remettre les chartes d'Arthois es mains du sieur Couronnel, conseiller du Conseil d'Arthois, commis à la garde des dictes chartes par le sieur de Bruxelles, au lieu de Denis de Bersacques décédé [2] ».

M° Pierre Couronnel était, comme on le voit, le commis-substitut chargé de la garde effective du dépôt [3].

Philibert de Bruxelles demeura titulaire de l'office jusqu'à sa mort en 1570.

L'extrait suivant des comptes du domaine nous présente son suc-

sacques, frère de Denys, celui-ci maire de Saint-Omer dès 1539, encore en fonctions en 1546. — Arch. de Saint-Omer, Comptes de l'argentier.

M° Denys de Bersacques, écuyer, avocat postulant au conseil d'Artois, né à Saint-Omer, assisté de Jacques son père et de son oncle Denys, épousa à Arras, par contrat anténuptial du 26 février 1535, v. st. dem[lle] Anthoine le Pannetier, nièce de Jacques de Martigny, écuyer, bailli de Carency, cousine germaine de Louis de Martigny, son fils, conseiller au conseil d'Artois. — Arch. du Pas-de-Calais, Gros d'Arras Mar. et Test., 5° liasse.

Il fut reçu à la bourgeoisie le 29 octobre 1537, élu échevin aux renouvellements d'octobre 1542, 1543 et 1545, commis par le maire d'Arras, en 1544, à recevoir à sa place, le serment des échevins nouveaux. (Arch. comm. d'Arras.)

Il était en même temps conseiller de la ville de Saint-Omer aux gages de 6 livres portées annuellement aux comptes de l'argentier, de 1538 à 1548. — Arch. de Saint-Omer, Ibid.

[1] Arch. du Nord, Ch. des C., reg. B coté 133. — Viglius d'Aytta, seigneur de Zwichem, près de Leeuwarden en Frise, célèbre jurisconsulte qui fut successivement trésorier des chartes de Flandre, puis de Hollande, nommé en 1559 « trésorier et garde de la Bibliothèque du Roi », dont il a dressé l'inventaire.

Son frère Jean, né en 1509, fut premier conseiller pensionnaire de l'échevinage, de 1559 à 1585. Il avait épousé Marguerite de Baynast et mourut en 1587. Deux autres frères, Charles et M° Clerembault, épousèrent l'un Anne d'Assonleville, l'autre Anne Bertoul. Ils étaient petits-fils de Clarembault, le garde des chartes décapité en 1477. — Voir ci-dessus p. 19 (p. 441 du Bulletin).

[2] Arch. du Pas-de-Calais, Gouvernance Reg. aux comm. f° 181.

[3] Fils de Robert, conseiller au conseil d'Artois, il succéda à son père en 1546 et mourut en 1581. Il avait épousé Jacqueline Mouen (et non de Mouen comme l'écrivent certaines généalogies) par contrat passé à Arras le 17 mars 1539 v. st. — Arch. du Pas-de-Calais, Gros d'Arras, Mar. et Test. 4° liasse

cesseur : « A messire Christofle d'Assonleville, conseiller et maistre
des requestes ordinaires de Sa Majesté, auquel S. M. par ses lettres
patentes du xxv⁰ d'octobre xv⁰lxx, a donné et pourveu de l'estat
de garde des chartres d'Artois escheu vacant par le trespas de deffunct messire Philibert de Bruxelles, en son vivant garde des dictes
chartres, ɪ ɪb. [1]. »

Le nouveau trésorier est ce même personnage que l'on verra
bientôt parvenir aux plus hautes situations, et jouer un rôle impor-
tant dans les affaires administratives et les négociations diplomatiques des Pays-Bas.

Il était issu de la bourgeoisie d'Arras. Son frère Philippe, greffier
de l'échevinage, avait succédé, en 1568, à Jean, leur père, dans
cette fonction, que celui-ci devait à la résignation de son oncle
Jean d'Assonleville, nommé greffier en 1492 et démissionnaire en
1525 [2].

Pas plus que son prédécesseur, Christophe d'Assonleville ne son-
gea à entretenir des rapports directs avec la trésorerie. Pour la réception et la garde des titres, il se fit représenter par M⁰ Jean Briois,
écuyer, avocat postulant au Conseil d'Artois, qui signa le récépissé.

M⁰ Jean Briois, promu l'année suivante à l'état de conseiller, se
vit bientôt forcé par les occupations de sa charge de renoncer à
celle de la substitution. Il y fut remplacé, en 1573, par son beau-
frère M⁰ Antoine du Mont-Saint-Eloy [3], élu d'Artois, auquel un
document postérieur associe, au même titre, M⁰ Philippe Bassée,
licencié ès lois, sieur de Hezecques [4].

L'acte d'institution de Christophe d'Assonleville nous est parvenu [5]

(1) Arch. du Nord, Ch. des C., reg. B. coté 136.
(2) Arch. comm. d'Arras, Reg. mém., X 199 r⁰; XIII 24 v⁰; XIV 426 r⁰.
(3) M⁰ Jean Briois avait épousé en 1562 Jeanne du Mont-St-Eloi, fille ainée de
M⁰ Charles et sœur d'Anthoine. V. Mémoire pour MM. Brioys d'Angre et d'Hulluch,
Arras 1780, in-4°, p. 136.
(4) V. p. 462.
(5) «Christofle d'Assonleville, sʳ de Haulteville, conseiller du Roy en ses consaulx d'estat et privé, gardien des chartres d'Arthois, à tous ceulx qui ces présentes
lettres verront salut. Scavoir faisons que, pour les occupations et empeschements
que monsieur M⁰ Jehan Brioys, conseiller du Conseil provincial d'Arthois, a pré-
sentement à cause de son dict estat, m'ayant par avant fait le plaisir d'entendre à
la substitution de la garde desdictes chartres, j'ay, par le consentement d'icelluy
Brioys, commis et substitué, commetz et substitue par ceste, en son lieu, M⁰ An-

et les archives conservent quelques traces de travaux profession-
nels exécutés par ses commis [1].

Au lendemain des troubles, en 1579, Antoine de Canlers ancien échevin, pourvu à ce titre d'une clef des chartes communales,
avait profité d'un voyage en cour pour se faire donner « l'estat de
garde des chartes d'Artois ». Lorsqu'ils apprirent cette promotion,
ses collègues arguant, comme précédemment, de l'incompatibilité
de ces deux emplois, lui retirèrent son privilège et sa clef [2].

toine du Mont St Eloy, licentié es drois, advocat au conseil d'Arthois, pour, en
mon lieu, avoir la garde et le soing desdictes chartes et lettrages d'Arthois appartenans à Sa Majesté, aux droitz, prouffitz, honoraires et émoluments accoustumez
et appartenans audict estat de substitut, luy donnant pour cest estat tout povoir à
ce pertinent, mesmement de recevoir par inventaire lesdicts lettrages, soit des mains
des héritiers desdicts gardiens précédents ou leurs commis, ou par mains des commissaires, et desdicts lettrages et pappiers bailler inventaire et recepisse, et, sy
mestier est, en dresser requestes et faire les poursuites y appartenantes, le tout en
la forme et manière que nous mesmes faire pourrions, si y fussions en personne,
ce pouvoir durant tant qu'il nous plaira. En tesmoing de ce, avons signé ceste de
nostre nom et y faict apposer nostre seel, le xv[e] de janvier mil v[c] soixante douze,
en la ville de Bruxelles. — Ainsy signé soubz le ply C. d'Assonleville, et scellé sur
double queue de cire rouge. » — Bibl. d'Arras, ms. 310 f[o], cx-cxi.

[1] Payement pour recherches et copies de chartes. — Arch. du Nord, Ch. des
C. A. 457, fol. 51 r[o], 1592-1593.

[2] Sur la garde des chartes communales, on n'a guère de renseignements précis
avant le xve siècle. Mais le greffier Bacler se trompe quand il fixe au xvie (1504)
l'institution des « Commis des Chartres ». (Chronique de la ville d'Arras, Arras,
1766, in-4°, p. 81 note). Le système était en vigueur au commencement du siècle
précédent, et tout porte à croire que son origine devait remonter très haut, sinon
jusqu'à celle de la commune.

On connaît dès 1408 la répartition des sept clefs, dont trois ouvraient « le huchel où sont les chartres », les quatre autres « la huche où est ledit huchel ». La
première de ces clefs appartenait de droit au maire d'Arras.

Au xvie siècle, on les désigne ainsi : « La clef du locquet du premier huis, la
clef du premier huis où est le locquet, la clef du second huis qui est ferré de fer ;
la première, seconde, troisième et quatrième clef du coffre. » Une huitième clef
ouvrait « le petit coffret ouquel est le seel de la communauté », réposant dans le
coffre aux chartres.

Ces clefs étaient alors données à vie à d'anciens échevins, ou à des officiers de
l'échevinage, en récompense de leurs services. Elles conféraient des privilèges et
des distinctions, notamment l'exemption de guet et garde en temps de paix, l'invi-
tation aux cérémonies et banquets officiels, des honneurs funèbres, etc. Aussi
étaient-elles, à chaque nouvelle vacance, l'objet de vives compétitions.

Malgré ce luxe de clefs, les chartres paraissent avoir été assez mal gardées,

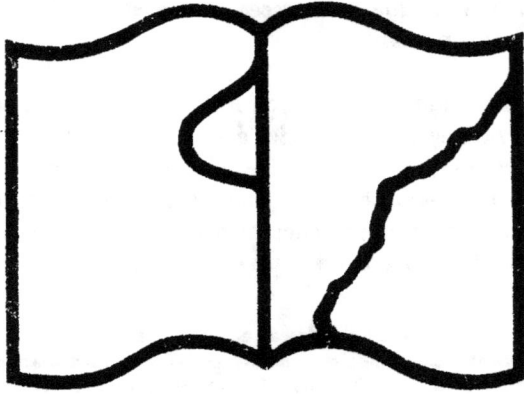

Canlers vint en halle présenter sa défense. Il déclara « qu'il n'avoit pourchassé ledict estat pour aulcunement préjudicier à celui qui en estoit pourveu, assavoir Mons. le conseiller d'Assonleville, mais bien lui pensoit faire plaisir, et pour lui rendre et remettre es mains lorsqu'il retourneroit par deçà; et que, cessant sa poursuite, aultres le prétendoient et eussent obtenu à l'exclusion dudict d'Assonleville; et pour monstrer qu'ainsi estoit, n'avoit encoires eu les clefz des dictes chartes d'Artois... [1] »

Il eut beau dire, les échevins ne voulurent rien entendre; ils lui firent répondre fort sèchement qu'ils avaient donné sa clef à un autre, et « qu'il en estoit widé ».

On saura que l'échevinage était alors en délicatesse avec Me Antoine, au sujet d'une entreprise qui rendait celui-ci peu recommandable pour sa nouvelle vocation. Abusant des facilités de sa charge dans un intérêt personnel tout à la fois généalogique et politique, il avait interpolé les mémoriaux du greffe et annoté le Registre au renouvellement de la loi, annotations qui furent dénoncées et solennellement biffées, avec procès-verbal et contre-notes à la marge [2].

Quelles qu'aient été les suites de la faveur obtenue par Antoine de Canlers, les premiers commis substituts n'en conservèrent pas

puisque au xviie siècle, on en était réduit à faire publier des monitoires dans les églises, menaçant d'excommunication les échevins, ou leurs héritiers, qui ne rapporteraient pas les chartes, registres, titres, papiers ou lettrages appartenant à la ville.

Les commis aux chartes ou « chartriers », comme on les appelait en dernier lieu, furent abolis par l'édit de réunion d'Arras et de la Cité, d'octobre 1749. Les clefs, réduites à trois, furent attribuées, la première au maire, la seconde au premier conseiller, la troisième au procureur syndic.

Arch. comm. d'Arras, Reg. au renouv. de la Loi, I, 1, 2, 8, 69. Reg. mém., X, 57 vo, 116 vo; XI 228 ro, 316 ro; XII 220 ro; XIII 74 ro, 107 ro, 246 ro, 427 ro; XIV 43 vo, 332 vo, 374 ro XV; 212 ro, 343 vo; XIX 64 ro. Reg. aux résol., I 69 ro, 90 ro. III 76 vo.

[1] Arch. comm. d'Arras, Reg. mém. XV, fol. 73 et 74, 11 sept. 1579.

[2] Par des renvois au nom de Baudrain de Canlers, échevin d'Arras en 1477, décapité par ordre de Louis XI, Me Anthoine cherchait à établir qu'il tirait de lui son origine, ce qui était faux. De plus, il avait intercalé à la suite de son nom le mot « escuyer », « chose de très mauvaise et dangereuse conséquence » au dire des échevins. Il voulut s'excuser en disant « que ce touchoit son faict particulier ne portant préjudice à personne »; mais on lui répliqua « que cela portoit préjudice à toute la république ». Arch. comm., Reg. mém. Anth. de Canlers fut mayeur de la confrérie des Ardents en 1572.

moins leurs prérogatives [1]; les incidents qui vont se produire en sont la preuve.

Christophe d'Assonleville était mort le 10 avril 1607, et des lettres patentes du 26 avril 1608 l'avaient remplacé par Adrien de Lattre, sieur d'Ayette, lieutenant particulier de la gouvernance d'Arras.

L'envoi en possession se heurta à des résistances imprévues. La veuve de Me Antoine du Mont-Saint-Éloy, remariée à Antoine de Bristel, sieur de Boiswarin, et Me Philippe Bassée, licencié es lois, sieur de Hezecques, «respectivement commis et substituts» du précédent trésorier, refusèrent de délivrer les chartes à son successeur, prétendant que ce devoir incombait aux ayants droit du titulaire défunt.

Après de longues tergiversations, Adrien de Lattre, harcelé par la chambre des comptes [2], se décida enfin à porter l'affaire devant le conseil d'Artois. Les prétentions des défendeurs furent repoussées, ils durent s'exécuter [3].

Conséquemment, le 14 juin 1617, commença en leur présence le récolement général des chartes, registres, comptes, dénombrements, etc., d'après l'inventaire de 1546 et son «ampliation». Tous les titres furent retrouvés, à l'exception d'une dizaine mentionnés au récépissé. Diverses erreurs et lacunes sont également signalées dans le recensement des comptes. Mais, quoi qu'en disent Godefroy et Le Glay, les pièces manquantes étaient en petit nombre [4]. L'opération se termina le 12 juillet.

Il fut alors donné au receveur du domaine de pouvoir déposer sur le bureau de la chambre ce procès-verbal qu'elle ne cessait de

[1] Il est fait mention au compte des exploits du Conseil d'Artois d'honoraires payés «à Me Anthoine du Mont-St Eloy, escuier, esleu d'Arthois et garde des chartres dudict Arthois», pour recherches et copies de titres. — Arch. du Nord, Ch. des C. Reg. A, coté 457, 1592-1593.

[2] Elle raya son traitement, en 1613 et 1614, «pour n'avoir satisfait à la charge de rapporter en ceste chambre le double des chartres dont la garde luy est commise, conformément à ce qu'il est tenu et obligé par les lettres patentes de Sa Majesté.» — Ibid., reg. B, cotés 146 et 147.

[3] Ces détails nous sont donnés par le Récépissé du sieur d'Ayette, relié à la fin du Répertoire de 1526. — Ibid., coté J. 48. — Voir Bib. nat., Colbert-Flandre, n° 82.

[4] Voir J.-M. Richard, Inv. somm., Introd., p. IV.

lui réclamer depuis huit ans. «Il exhiba, c'est lui-même qui nous le dit, un quoyer de dix-sept feuilles d'escripture contenant déclaration des tiltres et lettrages reposans et teneus en la chambre des chartes d'Arthois, lesquels furent examinez, tant selon   taire d'iceulx reposans en la chambre du conseil d'Arthois q   é-pissés de feu Me Anthoine du Mont-St-Éloy et des M   e Briois [1] et Denis de Bersacques, ses prédécesseurs, en   ce de Me Philippe Bassée et des héritiers de feu Me Antoine du Mont-St-Éloy, respectivement jadis commis substituts de feu messire Christofle d'Assonleville, en son vivant trésorier des chartes [2]. »

Nous possédons la copie annotée de l'ancien inventaire d'après laquelle on procéda au récolement; c'est la transcription, faite pour la circonstance, d'une copie antérieure qu'avait authentiquée le 21 mars 1569 v. st. Hapiot, greffier du conseil d'Artois [3].

Sous de Lattre, la Chambre des comptes parvint à réaliser, du moins en partie, ce projet d'annexion qu'elle poursuivait depuis si longtemps. Par ordonnance de LL. AA. Albert et Isabelle et de Messieurs des finances, des 20 octobre et 13 novembre 1619, le maître des comptes du Roi fut chargé d'enlever d'Arras [4] tous les

---

[1] Le receveur emprunte au *Récépissé* une erreur de prénom; il faut lire : Me *Jehan* Briois, commis substitut de *Christophe d'Assonleville*, comme on l'a vu plus haut. Pierre Briois, son père, était mort dès 1542, car on voit sa veuve, Anne Crespin, le 17 janvier de cette année, signer un nouveau contrat de mariage avec Nicolas du Gardin. — Arch. du Pas-de-Calais, *Gros d'Arras,* Mar. et Test., 4e liasse.

[2] Arch. du Nord, Ch. des C., reg. B., coté 147, fol. XVII.

[3] La date donnée par D.-J. Godefroy et Le Glay est inexacte. Hapiot n'a pu authentiquer une copie du greffe en 1549, par la raison que Allard de Lattre en avait alors la ferme depuis dix ans. Ce fut seulement à la mort de ce dernier, en 1553, que Hapiot y fut commis par subrogation. Lui et son fils Pierre l'exercèrent pendant plus de trente ans. Plouvain, dans sa *Notice sur les conseillers d'Artois,* les a oubliés l'un et l'autre.

Le ms. 353 (ancien 661) de la bibl. d'Arras, XVIe s., 138 feuillets, ne saurait être non plus, comme le croit Dufaitelle, l'exemplaire acheté par Binot (et non par Godefroy, suivant l'interprétation du Dr Le Glay) dans une vente publique à Arras, puisqu'on n'y voit pas le visa de Hapiot. On trouve au contraire la transcription de cette formule à la fin du ms. 310 (ancien 949). Reste à savoir si l'exemplaire de Binot portait le visa original; celui-là ne nous est pas parvenu; notre ms. 310 n'en est que la copie.

[4] Cette même mesure s'appliquait aux anciens comptes des trésoreries de Flandres, Hainaut et Namur. M. Gachard a donné la substance de ces lettres dans son *Inv. gén. des Arch. de Belgique,* t. I, p. 30, 31 (1837). De même que l'inven-

registres des receveurs du domaine et de les transporter à Lille. Nous avons dit qu'ils remplissaient sept armoires.

On ne voit pas que les rapports et dénombrements d'Artois, aujourd'hui conservés aux archives du Nord, soient compris dans le récépissé du 30 avril 1620 ; ils auraient donc été transférés à Lille ultérieurement.

Adrien de Lattre trépassa le 19 mars 1633 [1].

Son fils remit les clefs du dépôt à Michel Routart, sieur du Sart, secrétaire du conseil privé, pourvu de l'office vacant par lettres de la même année [2].

La copie d'inventaire qui avait servi à la transmission précédente passa avec les chartes dans les mains du nouveau titulaire, comme on le voit par la signature *Routart* inscrite au verso de la dernière page blanche [3].

Ce nom appartient, ainsi que les précédents, à la bourgeoisie d'Arras ; il clôt la liste des trésoriers des chartes d'Artois antérieurs à 1640.

LES TRÉSORIERS JUSQU'À LA RÉVOLUTION.

Bien qu'il n'entre pas dans le plan de ce mémoire de poursuivre l'histoire de la trésorerie sous la domination française, il nous a semblé utile de compléter la série des trésoriers, en passant rapidement en revue ceux qui se sont succédé jusqu'à la Révolution.

Philippe de Buisine se présente d'abord ; c'est la première fois que ce nom, comme celui de Routard, son prédécesseur, figure au catalogue des gardes du dépôt. Il s'en faut cependant qu'il soit inconnu ; on le rencontre au bas d'une foule de titres, de 1615 à

---

taire des vieux comptes d'Artois, celui des comptes de Hainaut transportés à Lille se trouve aux Arch. nat. ; *Colbert-Flandres.*

[1] Adrien de Lattre était fils de Jacques et de Maria Morel, dame d'Ayette. Il épousa, en 1585, Philippote de France, fille de Jérôme, chevalier, président de conseil d'Artois et de Nouelle d'Assonleville. Il fut anobli le 7 janvier 1589. Son fils, Adrien de Lattre, sieur d'Ayette, mourut en 1659. Le trésorier a signé son récépissé : *Delatre.*

[2] Il était fils de Pierre Routart, sieur du Sart, échevin d'Arras, enterré, en 1623, dans l'église Sainte-Croix, à laquelle il avait fait de grandes libéralités.

[3] Bibl. d'Arras, ms. 310.

1640 ; Philippe Buisine, père du futur garde des chartes, était simple fermier du greffe au conseil d'Artois.

Après la conquête, piqué de la tarentule nobiliaire qui sévissait alors dans la bourgeoisie, Philippe Buisine, fils du greffier, prit une particule, en même temps que le titre de « conseiller du roi, docteur régent en droict ». Sa descendance s'en octroya une seconde dans la personne de Philippe de Buisine de Méricourt [1].

Démissionnaire en 1663, il fut remplacé le 10 juillet par Simon Denis [2].

Le nouveau titulaire, bourgeois d'Arras, âgé de vingt-sept ans, faisait le commerce des vins. Il était, dit-on, « homme de bien et d'honneur, bon et fidèle marchant, tenant bon livre sur lequel il ne voudroit escrire ny faire escrire aucune chose contre la vérité, n'estoit mesme pour prétendre ny demander à autruy ce qui ne luy seroit bien et légitimement deub [3] ».

A cette attestation de vulgaire honnêteté commerciale, on souhaiterait de pouvoir joindre un certificat quelconque de compétence diplomatique.

Simon Denis se qualifiait sieur de Riencourt; il venait d'être anobli lorsqu'il mourut en 1697 [4].

Son fils, François Denis, écuyer, sieur de Cauchy, nommé à sa place par lettres du 10 avril, lui survécut à peine quelques mois [5].

Profitant de ces conjonctures, les commissaires généraux députés par le roi à l'exécution de l'édit royal de février 1692 sur la vente des offices, s'étaient empressés de faire mettre aux enchères la trésorerie des chartes d'Artois.

---

[1] Bibl. nat., Cabinet des titres, 552. Il habitait l'hôtel du *Sermon en Castel*, coin de la rue Saint-Denis, n° 6, devenu par mariage la propriété des Thieulaine, qui lui donneront pour nouvelle enseigne : *Le Cœur de Ville.* Un étrange quiproquo a fait prendre l'hôtel du *Sermon* pour la seigneurie du Fermont. — Voir L. Cavrois, *Mém. de l'Acad. d'Arras*, nouv. série, t. XV, p. 360. (1884.)

[2] D'après une annotation du XVIII° siècle qui renvoie au fol. 292 du sixième registre aux commissions du conseil d'Artois. On n'en trouve pas trace dans l'*Inv. somm. du Pas-de-Calais*, série B.

[3] Il avait épousé Marguerite le Cambier. — Arch. comm. d'Arras, *Reg. aux contrats*, an. 1666, fol. 601 v°; *Reg. aux ventes*, an. 1681, fol. 597 ; *Reg. aux attestations*, an. 1641-1690, fol. 234 v°, et 249 r°.

[4] A. Godin, *Inv. somm. du Pas-de-Calais*, série B, n° 292, p. 45.

[5] Bibl. nat., *Moreau*, 395. — D'Hozier, *Picardie*, fol. 120 v°, enregistre : « François Denis, escuier, sieur de Cauchie : *D'azur à un bouc passant d'argent sur une terrasse de sinople, surmonté de trois étoiles rangées en chef.* »

L'adjudication eut lieu le 5 décembre 1697, pour le prix principal de 400 livres, au profit de Denis Rouget, conseiller secrétaire du roi près le conseil d'Artois ; il obtint ses provisions le 26 janvier et fut reçu par procès-verbal du 4 février suivant.

Cependant, des lettres royales avaient été expédiées de Versailles, le 12 janvier, à Jean-François Poitart, avocat au conseil d'Artois, le commettant à l'office de trésorier des chartes « estably en nostre ville d'Arras, près nostre conseil d'Artois, à présent vacant par le décès de François Denis, sieur de Cauchy [1]. »

La trésorerie se trouvait ainsi partagée entre deux titulaires.

Rouget, qui avait payé sa charge à beaux deniers comptants [2], s'opposa, le jour même de la réception de son compétiteur, à l'enregistrement par le conseil d'Artois des lettres qui lui avaient été octroyées.

Le conflit engagé, le procès suivit son cours.

Il durait depuis deux ans, quand un arrêt rendu en conseil à Versailles, le 26 janvier 1700, trancha le litige dans le sens de la non-vénalité de l'office, et décida qu'il serait passé outre à l'installation de Poitart [3].

Bourgeois d'Arras comme ses prédécesseurs, cinq fois élu au conseil échevinal depuis 1688, Jean-François Poitart, après seize ans d'exercice, se démit, le 20 mars 1716, en faveur de son fils, lequel fut institué par lettres royales du 1er avril suivant [4].

---

[1] A. Godin, *Inv. somm.*, série B, n° 301, p. 46.

[2] Quittance du 18 décembre 1697.

[3] Arch. nat., *ibid.*

[4] «Louis, par la grâce de Dieu, etc. L'état et office des chartes d'Artois étant à présent vacant par la démission volontaire qu'en a fait en nos mains, le vingtième du mois dernier, le sieur Jean-François Poitard, dernier possesseur, et désirant remplir ledit office d'un sujet capable qui ait toutes les qualités requises pour s'en bien et fidèlement acquiter, nous avons estimé ne pouvoir faire un meilleur choix pour cette fin que de notre cher et bien amé Luc Bertin Poitard son fils, tant en considération des services qui ont été rendus au feu Roy, notre tres honoré seigneur et bisaïeul, depuis dix-sept ans par ledit sieur Poitard père, qu'à cause des témoignages avantageux qui nous ont été [donnés] de sa probité, capacité, expérience, diligence et bonne conduite, ainsi que de sa fidélité et affection à notre service, à ces causes..... nous avons audit sieur Luc Bertin Poitard donné et octroyé..... lesdits estat et office..... à la charge par ledit sieur Poitard fils de se rendre actuellement en notre ville d'Arras. Si donnons en mandement à nos amez et féaux les gens tenans notre conseil provincial d'Artois que, leur étant aparu des bonnes vie et mœurs, religion catolique apostolique et romaine dudit

Luc-François-Bertin Poitart, sieur de Ficheux [1], tomba malade en 1742. Hors d'état de remplir ses fonctions, il obtint de se faire suppléer par son neveu, Josse-François-Sophie Binot, avocat. Sa mort survint deux mois après, et le suppléant fut nommé titulaire [2].

Le nouveau trésorier entrait presque en même temps à la Société littéraire d'Arras, institution récente due à l'initiative privée, dotée plus tard par Louis XV d'une charte constitutionnelle et du titre d'*Académie royale des belles-lettres* (1773).

Binot en fut quarante ans l'un des membres les plus actifs.

Les cartons de la Société, aujourd'hui fourvoyés à la bibliothèque de Boulogne-sur-Mer, contiennent encore quelques-uns de ses mémoires manuscrits [3].

La vogue était alors aux études sur l'histoire de la province; mais le désordre des archives, joint au manque d'inventaires, paralysait les recherches; on s'en plaignait vivement.

Les États d'Artois, désireux de satisfaire à ces légitimes réclamations, résolurent, en 1775, de faire procéder à un classement général, en adjoignant à Binot des collaborateurs d'une compétence reconnue.

Diverses combinaisons furent proposées; elles échouèrent l'une après l'autre.

Ce fut seulement dix ans après, en 1785, qu'elles aboutirent au choix de Denis-Joseph Godefroy; ses grands travaux d'inventaire à la Chambre des comptes de Lille le désignaient pour cette laborieuse mission.

sieur Poitard, aussy qu'il est bourgeois de notre ville d'Arras, et après avoir pris et receu de luy le serement en tel cas requis et accoustumé, ils le mettent et instituent ou fassent mettre et instituer de par nous en possession dudit état et office de trésorier des chartes de notredit pays et comté d'Artois, etc.» Paris, 1er avril 1716.

[1] Il signait : «Poitärt de Fischeux.» — Arch. du Nord, *Anchin*, carton 6, copie du 9 juin 1736. — Son nom figure en 1727 au catalogue des mayeurs de la confrérie des Ardents.

[2] Le 6 octobre 1742, d'après Bultel, *Notice de la province et comté d'Artois*, p. 282. Ce que dit l'auteur de la nature de l'office résulte d'une confusion entre les titulaires et les commis-substituts. Il n'est pas exact non plus que la porte des archives fermât à deux serrures, bien que le conseil d'Artois en eût une seconde clef.

[3] Ms. 155, nos 4, 3; ms. 156 (v. ms. 157-159). Treize portefeuilles et manuscrits de Boulogne proviennent de la Société littéraire d'Arras.

Ri. n'était changé d'ailleurs aux attributions officielles de Binot ;
il resu trésorier et garde des chartes comme avant, et mourut en
1792.

Pour ce qui est du travail de Godefroy à Arras, nous ne saurions
mieux faire que de renvoyer le lecteur à l'Introduction de M. Richard,
où la matière a été traitée avec tous les développements qu'elle
comporte.

Cette tâche revenait de droit à l'archiviste regretté qui, dans le
silence du bureau, a su mener promptement à bonne fin l'œuvre
d'intérêt public et de devoir essentiellement professionnel inter-
rompue par la Révolution.